어쩌다
MZ세대
노조 설립기

어쩌다 MZ세대 노조 설립기

발 행 | 2022년 09월 22일
저 자 | 김태양
디자이너 | 구다인
펴낸이 | 한건희
펴낸곳 | 주식회사 부크크
출판사등록 | 2014.07.15.(제2014-16호)
주 소 | 서울특별시 금천구 가산디지털1로 119 SK트윈타워 A동 305호
전 화 | 1670-8316
이메일 | info@bookk.co.kr

ISBN | 979-11-372-9559-9

www.bookk.co.kr

어쩌다
MZ세대
노조 설립기

김태양 지음

감사의 말

내가 전문적으로 글을 쓰는 사람도 아니고 앞으로 책을 쓸 일이 또 있겠냐 싶어 감사하는 분들의 이름을 죄다 적어봤다.

먼저 집에서 애 안 보고 쓸데없는 짓을 한다고 잔소리를 조금만 해준 뚱땅맘과 씩씩한 뚱땅이, 귀여운 딴지. 우리 네 가족과 부모님, 장인어른, 장모님, 동생네 가족, 형님네 가족, 조카들에게 가장 큰 사랑과 감사를 전하고 싶다.

부족한 위원장을 항상 믿고 지지해주는 우리 KISA영원노동조합 조합원분들,

작은 노조지만 항상 진정성 있게 대해 주시고 노사 상생을 위해 노력하시는 이원태 원장님,

나 때문에 회사에서 제일 고생하는 박소연 노무사님과 인사팀장님,

언제나 내 일처럼 도와주시는 김진수 연구위원님,

같이 일하는 게 쉽지 않은 나와 일하고 있는 우리 전자정부 팀원들,

책을 쓰라는 아이디어를 준 '대륙의 한가인',

쉽지 않았던 노조 설립부터 나를 지지해준 우리 회사 동기들,

언제 만나도 힘이 되는 여도 친구들과 18조 동기들,

수년째 백돌이에 발전 가능성이 없는 나를 절대 포기하지 않으시는 함양성심병원 정형주 원장님,

분위기 메이커 '영암 아이유'와 '노래하는 호지'님,

대한민국 반대편 강원도에서도 많은 응원을 보내주는 재호,

항상 든든하게 법률 자문을 해주는 송하진 변호사,

개인정보 업무로 고생하고 있는 희영 누나,

업무적으로 무한한 협조를 해주시는 행정안전부 소진숙 서기관님, 과학기술정보통신부 박인석 주무관님, 스패로우 장일수 대표님, 여구용 부장님, 트리니티소프트 김진수 대표님, 모아소프트 정종윤 책임님, CM 정미심 이사님, 홍상미 과장님, 상상앤컴퍼니 윤주혁 대표님, 이미옥 과장님, 메가뉴스 황태규 이사님, 주한유럽상공회의소 김시윤 과장님,

내가 맡은 일은 언제나 자기 일처럼 발 벗고 도와주는 정보보호 유니콘 기업 써니즈의 이무현 대표님과 포어스시스템의 채민석 대표님,

아이들을 믿고 맡길 수 있게 해주시는 효천초등학교 한현숙 교장 선생님과 운영위원분들 그리고 염화진 선생님,

허접한 내용의 책을 예쁘게 디자인해 주신 구다인 디자이너님,

무엇보다 이 책을 읽어 주시는 독자 여러분께 감사의 말씀을 전하고 싶다.

목차

프 롤 로 그

"나는 노동자인가" 13

"나는 MZ세대인가" 16

"내가 책이라니" 18

1 노 동 조 합 을 처 음 접 하 다

"노동조합은 시위 전문가들?" 23

"노동조합에 가입하다" 28

[한국인터넷진흥원 소개] 34

[SW개발보안 제도 소개] 36

2 노 동 조 합 의 필 요 성 을 느 끼 다

"쓰레기통 사발식의 충격" 39

[좋은 꼰대가 되자!] 44

"25시간 연속 근무를 지시받다" 48

"국민의 이메일을 도청하라고? 52

"육아휴직을 두 번 쓴 남자" 58

[두 번의 아빠 육아휴직 후기] 64

3 기 성 노 조 에 불 만 이 쌓 이 다

"육아휴직 여자는 3년, 남자는 1년?" 81

"회사 상해보험 때문에 손해를 보다" 90

[포트홀 사고에 대한 배상 절차] 96

"노조에서 북한에 쌀은 왜 보내야 하나?" 100

"이게 공정이냐? 하후상박과 정규직화" 104

"성과연봉제 인센티브 반납" 110

④ ——— 기 성 노 조 탈 퇴 를 결 심 하 다 ———

"탈퇴하면 회사에서 짤린다고?" 119

[노동조합의 숍 제도] 122

"탈퇴해도 조합비를 내라고?" 126

⑤ ——— 노 동 조 합 을 만 들 다 ! ———

"나는 이렇게 노동조합을 만들었다" 131

[KISA영원노동조합 소개] 136

"조합비 없이 운영이 될까?" 138

⑥ ——— K I S A 영 원 노 동 조 합 의 활 동 들

"첫 단체협약의 쓴맛" 145

"노조 사무실이 생기다" 148

"공공기관 개혁에 대한 기고" 152

"위법한 단체협약 내용에 대한 시정 요구" 156

[조합원 인터뷰] 164

⑦ ——— 마 치 며 … ———

"그럼에도 노동조합은 필요하다." 173

"버티고 나아가자!" 176

프롤로그

"나는 노동자인가"

"나는 MZ세대인가"

"내가 책이라니"

"나는 노동자인가"

이 책은 보통(?)의 회사원이 어쩌다 MZ세대 노조위원장이 되는 과정을 정리해 본 것이다.

먼저, 노동조합은 노동자들이 모인 단체니까 그것을 만들기 위해서는 일단 내가 노동자여야 하지 않을까?

그렇다면 나는 노동자인가?
내가 하는 일은 노동인가?

이 고민을 먼저 하기 시작했다. 나는 사실 '노동'이라는 단어에 어느 정도의 편견이 녹아 있었다. 노동은 땀을 흘리며 일하는 약간 블루칼라라는 인식이 있어 컴퓨터로 하는 나의 일이 노동인지, 내가 노동자인지 의문을 가진 적이 있다.

실제로 IT 분야에서는 본인이 노동자라는 인식보다는 전문직에 가깝다는 인식이 많았고, 과거 IT 기업들에 노동조합이 존재하지 않았던 이유이기도 했다(지금은 인식이 많이 바뀌었다).

사전적으로 '노동'은 생활에 필요한 물자를 얻기 위하여 육체적 노력이나 정신적 노력을 들이는 행위로 나 자신과 가족을 위해 자주적으로 일한다는 의미이다. '근로'는 부지런히 일한다는 뜻으로 회사 등의 지시 때문에 일을 한다는 의미가 있다.

나의 잘못된 인식처럼 사회적으로 노동이라는 단어는 기피하는 경향이 있다(분단의 아픔 때문이기도 하다). 그러나 그 의미 자체는 노동자가 근로자보다 더 인격적이고 좋은 것이다.

아무튼, 내 생각은 이렇다.
노동자든 근로자든 '많이 받는 게 장땡'이다.

노동조합이 무엇인지 모른 채 부정적인 인식만 가지고 있었던 나는 공공기관으로 이직을 하며 얼떨결에 노동조합에도 가입하게 되었다. 여러 가지 크고 작은 사건들로 인해 노동조합의 필요성을 느끼게 되었으나, 다른 한편으로는 기성노조에 대한 불만을 느끼게 되었다. 결국, 나는 기성노조에 대한 탈퇴를 결심하였고, 뜻을 함께하는 동료들과 새로운 노동조합을 만들게 되었다.

"나는 MZ세대인가"

노동조합을 만들긴 만들었다.

그런데 내가 만든 노동조합이 MZ세대 노동조합일까?
그렇다면 나는 MZ세대인가?

나는 80년대생으로 직장생활을 한 지도 십여 년이 흘렀다.
그런 내가 MZ세대라고 하는 것은 무언가 어색하고 불편하고
왜인지 젊은 친구들에게 미안한 마음이 들었다.

00년대생들이 보기엔 내가 꼰대 아재일 수도 있고, 내가 그

들을 볼 때도 같은 세대인지에 대한 의구심이 들곤 했기 때문이다(진부한 표현이지만 만일 첫사랑에 성공했다면 자식뻘일수도 있다).

누가 정했는지는 모르겠지만 MZ세대란 80년대 초부터 00년대까지를 아우르는 매우 넓은 범위라고 한다. 1월 1일생이나 12월 31일생이나 같은 나이인 것처럼 내 나이가 MZ세대의 정의에 포함된다기에 우리 노조는 MZ세대 노조가 맞는 것으로 하자!

MZ세대란? 1980년대 초부터 2000년대 초 출생한 밀레니얼 세대와 1990년대 중반부터 2000년대 초반 출생한 Z세대를 통칭하는 말이다. 디지털 환경에 익숙하고, 최신 트렌드와 남과 다른 이색적인 경험을 추구하는 특징을 보인다.

"내가 책이라니"

나는 말재주도 글재주도 없다.

나는 평소에 말재주가 없다. 말을 많이 하는 편도 아니고 길게 하는 편도 아니다. MBTI의 I형인 전형적인 공대생 스타일이랄까? (주변에서 MBTI가 뭐냐고 하도 물어서 최근에 억지로 해봤다;;;) 친분이 없는 사람과의 어색한 자리에서는 긴 침묵이 흐른다. 만일 내가 영업을 했다면 최악의 영업사원이 되었을 것이다.

말재주가 없으니 당연히 글재주도 없다. 글을 재미있게 쓰는 스타일도 아니고 보통 짧게 결론만 쓰는 편이다. 백화점에 가서 쇼핑할 때 이것저것 보고 고르는 사람이 있는 반면, 나는 필요한 물건으로 돌진하는 스타일이다. 쇼핑 스타일이 나의 글쓰기 스타일을 나타낸다고나 할까?

다행히도 내가 일하는 곳은 공공기관이다. 한글 문서 편집기를 활용해 보통 한 장짜리의 짧은 보고서를 주로 만든다. 윗분들의 취향(?)에 맞춰 쓸데없이 장평과 자간을 조정하고 있다 보면 현타가 오긴 하지만, 대단한 글재주가 없는 나에게 결론만 간단히 적으면 되는 공공기관의 문서 스타일은 적합하다 할 수 있겠다.

책을 내자는 생각은 술자리에서 시작되었다.

직장 동료들과 가지는 술자리에서도 나는 말을 하는 것보다는 주로 듣는 편이다. 그런데 내가 간혹 기성노조에 대한 불만이라든지, 회사의 제도 개선을 위해 노력한 썰들을 풀면 술자리에 동석한 사람들의 반응이 좋았다. 누구나 할 수는 없는 일이기에 신기하다거나 대단하다는 반응도 있었고 마치 인터넷에 돌아다니는 '사이다 썰' 같이 속이 시원하다는 평도 있었다.

어느 날인가는 회사 동기들과 술자리를 가졌다. '대륙의 한가인'이라 불리는 동기 한 명이 나의 노동조합 썰을 듣더니, 이 이야기들을 책으로 써보라고 추천하는 것이 아닌가? 역시 배운 자는 생각이 달랐다(그녀는 대륙 최고의 대학을 나와 반도 최고의 대학에서 일한다). 그리고는 책을 내는 방법까지 자세하게 설명해 주었다.

내가 말재주, 글재주는 없지만, 이것저것 지르는 것은 잘한다(약간 산만한 스타일이라고나 할까?).

그래서 나는 일단 글을 쓰기 시작했다.

노동조합 설립을 준비하는 누군가에게 나의 이 어설픈 노동조합 설립 후기가 조그마한 힘이 되었으면 한다.

1. 노동조합을 처음 접하다

"노동조합은 시위 전문가들?"

"노동조합에 가입하다"

[한국인터넷진흥원 소개]

[SW개발보안 제도 소개]

"노동조합은 시위 전문가들?"

'노동조합'이라 함은 근로자가 주체가 되어 자주적으로 단결하여 근로조건의 유지 · 개선 기타 근로자의 경제적 · 사회적 지위의 향상을 도모함을 목적으로 조직하는 단체 또는 그 연합단체를 말한다.

– 노동조합 및 노동관계조정법

누구나 노동조합 하면 떠오르는 이미지가 비슷할 것이다. '귀족 노조', '빨간 조끼', '시위', '쇠파이프', '가스통' 등… 이러한 단어가 떠오르지 않는가? 최소한 나에게는 언론을 통해 자연스럽게 접하게 된 노동조합의 첫 이미지였다.

어린 시절은 '여수 밤바다' 노래와 함께 관광지로 변모한 여수에서 자랐다. 당시 시골 바닷가 마을이었던 여수는 내가 노동조합이라는 단어를 처음 듣게 된 곳이었다. 나의 아버지는 석유화학 공장에 다니셨고 노동조합 가입 대상이 아닌 높은 직급이셨는데, 종종 노동조합에서 시위를 한다고 하면 그들의 몫까지 일하시느라 길게는 일주일 넘게 집에 못 들어오는 일이 있었다.

조용한 바닷가 마을에서는 평소 상상할 수 없었던, 경찰버스가 끝도 없이 늘어서 있는 놀라운 모습을 본 적도 있는데 이것도 노동조합의 시위 때문이라고 했다. 주변에서 접하는 상황이 그렇다 보니 노동조합에 대해 당연히 부정적인 인식이 생길 수밖에 없었다.

대학에서는 열심히 놀았고, 대학을 졸업하고는 여의도 국회 앞에 위치한 금융사에서 직장생활을 시작하게 되었다. 회사에 출, 퇴근하며 국회 정문 앞을 지날 때면 언제나 1인 시위를 하는 분들을 만날 수 있었다. 한두 분이 아니었고 몇 년째 시위하는 분들도 계셨다. 세상에는 내 생각보다 억울한 일이 훨씬 많았다.

[2013년 4월 26일 직접 촬영한 국회 앞 시위자의 분신 장면. 가까운 거리의
경찰이 바로 달려왔지만, 소화기가 불량이라 불을 금방 끄지는 못했다.]

국회 앞에서는 자주 시위가 벌어졌는데 종종 크고 과격한 시위도 벌어지곤 했다. 여의도 생활 몇 년 차가 되니 자연스럽게 시위에 대한 분석이 가능해졌는데 농민단체에서 주최하는 시위가 대체로 과격했고, 제법 큰 규모의 시위는 대부분 노동조합이란 곳에서 주최한 시위였다. 그렇다 보니 자연스럽게 '노동조합은 시위 전문가들!'이란 공식이 뇌리에 박히게 되었다.

당시 내가 다니던 회사에는 노동조합이 존재하지 않았다. 그래서 노동조합이란 단어는 남의 일처럼만 느껴졌다.

"노동조합에 가입하다"

　왜인지는 모르겠지만 대학 시절에는 여의도에서 정장을 입고 근무하는 것에 대한 로망이 있었다. 그래서 대학 졸업 후 첫 번째 직장으로 여의도에 있는 금융회사를 선택했다(다행히 고를 수 있었다). 여의도에서의 직장생활은 기대했던 것만큼 재미도 있었고 여러모로 만족스러웠다.

　하지만 '집이 서울인 것도 스펙'이라는 말을 들어 본 적 있는가? 지방 출신이 서울에서 살아간다는 게 만만치만은 않았다.

　나는 결혼을 하면 당연히 아파트에 사는 줄 알았다. 아마 드라마의 영향이 크지 않았을까? 나름 고임금의 대기업 금융권에 다녔음에도 결혼을 준비하면서 집값 때문에 좌절하고 말았다. 내가 결혼을 일찍 했기 때문이기도 하겠지만 대신 당시에는 집값이 더 낮았으니 합당한 이유는 되지 못할 것이다. 신혼집을 구하며 속으로 울기도 했는데 십여 년 전에도 서울의 집값은 나에게 너무나 까마득해 보였다.

우리 부부는 맞벌이로 각자 직장생활을 했다. 그리고 둘 다 서울에서 머나먼 지방 출신인데 나의 고향은 전라도 바닷가이고 아내의 고향은 정반대인 경상도 끝자락이다. 드라마 '나의 해방 일지'를 보면 서울로 출퇴근을 하는 경기도민의 설움을 느낄 수 있다고 하는데 우리의 고향은 그보다 훨씬 멀어 '경기도도 다 같은 서울 아닌가?'라는 생각이 들 정도였다.

둘 다 어떻게 서울에서 직장을 구해 살고는 있었지만, 지리적인 이유 등으로 아이가 태어나도 양가 부모님의 도움을 받을 수는 없는 상황이었다. 서울에서의 생활은 출퇴근에만 긴 시간이 소요되었고 가까운 곳에 어린이집이 없거나 경쟁률이 높아 입소가 어려운 환경이라 맞벌이를 하며 아이를 키우기는 힘들어 보였다.

드라마 '응답하라 1994'에서 서울로 갓 상경한 주연 배우가 듣던 '서울 이곳은' 노래의 가사처럼 결국 우리 부부는 지방으로 돌아가기로 마음을 먹었다(그때 서울에 집을 샀어야…ㅠ 사실 돈도 없었다).

아무래도 난 돌아가야겠어

이곳은 나에게 어울리지 않아

화려한 유혹 속에서 웃고 있지만

모든 것이 낯설기만 해

– '서울 이곳은' 가사 중

각고의 노력 끝에 그때 당시 몇 년 후 지방 이전이 예정되어 있던 공공기관으로 이직을 할 수 있었다. 해당 기관은 '한국인터넷진흥원'이란 곳으로 처음 몇 년은 서울에서 근무하였고 그 후 지방 이전에 맞춰 나주로 근무지 이동을 지원하였다.

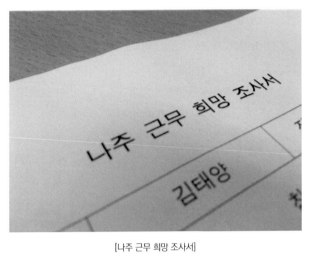

[나주 근무 희망 조사서]

지금도 마찬가지지만 당시 한국인터넷진흥에는 민주노총 산하의 노동조합이 있었다. 당시 직원들 대부분이 그 노동조합에 가입한 상태로 다른 노동조합은 존재하지 않았다. 입사하고 직원 연수를 받는 과정에서 노동조합을 소개하는 시간이 있었는데 모든 신입 직원들이 물 흐르듯 자연스럽게 가입원서를 적어서 냈다. 나 또한 깊은 고민 없이 호기심 반 군중심리 반으로 그 자리에서 노동조합에 가입하였다.

내 인생에서 처음으로 노동조합에 가입하게 된 순간이었다.

내가 서울에서 나주 근무를 지원할 당시, 본인은 나주 근무자지만 서울 근무를 희망하는 사람은 무척 많았는데 서울에서 나주로 이동을 지원한 사람은 나를 포함하여 5명밖에 되지 않았다.

알고 보니 나를 제외한 모두가 사내 부부이거나 비밀리에 연애 중인 사내 커플이었다.

순수한 마음으로 지방 근무를 지원한 사람은 나 혼자뿐이었다.

[한국인터넷진흥원 소개]

한국인터넷진흥원 혹은 KISA(Korea Internet & Security Agency)라고 불리는 곳으로 사이버 침해 대응, 개인정보 보호, 인터넷 주소 관리 등 사이버 세상에서의 중요한 일들을 담당한다. 112, 119처럼 118 신고 전화번호를 가지고 있다.

내가 이직을 한 후 문과 출신인 나의 친구는 도대체 그 회사가 무엇을 하는 회사냐며, 혹시 야한 동영상 차단하는 일을 하느냐고 물어 충격을 받은 적이 있다. (실제로는 warning.or.kr 과는 관련이 없으나 왜인지 그 당시에는 해당 사이트에 기관 로고가 들어가 있었다.)

관련 없는 분야의 사람에게는 기관 인지도가 너무 낮아 이 소개 부분을 짧게나마 꼭 넣고 싶었다.

노동조합이란 회사의 발전을 위한 조직이기도 하니깐!

[한국인터넷진흥원(KISA) 업무 소개]

[한국인터넷진흥원(KISA) 나주 본원]

노동조합을 처음 접하다

[SW개발보안 제도 소개]

나는 업무는 하지 않고 노동조합 일만을 하는 근로시간 면제자가 아니다. 한마디로 '일하는 노조위원장'이라는 의미이다.

노동조합만큼이나 아니 사실은 훨씬 더 많은 시간을 함께하고 있는 나의 업무인 'SW개발보안'에 대해 지면을 할애하여 소개해 볼까 한다.

SW 개발 생명주기(Software Development Life Cycle)의 각 단계별 요구되는보안활동을 수행

' SW개발보안'이란 소프트웨어를 개발하는 과정에서 개발자의 실수나 논리적인 오류 등으로 인해 발생할 수 있는 보안 약점들을 최소화하여 안전한 소프트웨어를 만들기 위한 일련의 보안 활동을 의미한다. 영어로는 시큐어코딩(Secure Coding) 또는 SDLC(Security Development Life Cycle)라고 한다.

그렇다면 보안 약점이란 무엇일까? 보안약점이란 해킹에 직접적으로 악용되는 보안 취약점의 근본 원인을 의미한다.

  한국인터넷진흥원에서는 중소기업이 소유한 소프트웨어에 보안 약점이 있는지 무료로 진단해 주는 서비스를 하고 있다. 자세한 내용은 보호나라 홈페이지(boho.or.kr)에서 확인할 수 있다.

※ 보호나라 홈페이지 - 보안점검 - 중소기업 SW개발보안 진단

2. 노동조합의
필요성을 느끼다

"쓰레기통 사발식의 충격"

[좋은 꼰대가 되자!]

"25시간 연속 근무를 지시받다"

"국민의 이메일을 도청하라고?

"육아휴직을 두 번 쓴 남자"

[두 번의 아빠 육아휴직 후기]

"쓰레기통 사발식의 충격"

    공공기관에 이직한 후 직원 연수 기간에 있었던 일이다. 나는 경력직으로 입사를 했지만 다른 동기들은 사회 초년생들이 대부분으로 우리는 신입, 경력 가리지 않고 함께 연수를 받았다. 연수는 경기도에 있는 연수원에서 몇 주간 합숙으로 진행되었다.

[신입 직원 연수 모습. 연수 자체는 재미있었다.]

노동조합의 필요성을 느끼다

어느 날은 회사의 한 임원이 연수원에 방문하였고 저녁 식사 시간에 맞춰 그 임원과의 회식이 진행되었다. 이미 회식 자리에서 꼰대 라떼 연설을 하며 거나하게 술을 마신 그는 주변 신입 직원들에게 자신의 방으로 2차를 가자고 권유(?)하였다. 경력직으로 이미 머리가 커버렸던 나는 함께해서 좋을 게 없어 보이는 그 자리에 당연히 가지 않았지만 몇몇 직원들은 남, 여를 가리지 않고 자의 반 타의 반 그의 방으로 2차를 가게 되었다.

2차 술자리에서 그 꼰대 임원은 신입 직원들에게 우리 회사의 문화를 가르쳐 주겠다며 연수원의 방에 있던 쓰레기통을 가져오게 했다. 그리고는 여러 종류의 술을 그 쓰레기통에 잔뜩 부었다. 그 후 여자 신입 직원들의 발을 쓰레기통에 담그게 하고 그 술을 모두 나눠 마시게 하였는데, 이 부분은 충분히 성희롱까지 문제가 될 수도 있는 상황이었다.

더 이상의 추태는 다행히(?) 발생하지 않았고 임원 방에서의 2차 술자리는 마무리가 되었다. 이제 막 입사해 노동조합 가입원서에 잉크도 마르지 않았던 신입 직원들은 울면서 노동조합에 이 사건을 신고하였다.

이후 노동조합에서는 회사에 강하게 항의하였고 결국 쓰레기통을 좋아한 그분은 임원 자리에서 보직 해임되었다.

입사하자마자 일어난 이 일은 노동조합이 무엇인지 자세히 알기도 전에 노동조합의 필요성을 느끼게 된 사건이었다.

나는 쓰레기통 사발식 사건을 보며 분노했지만, 한편으로 저런 사람이 잘리기는커녕 가장 높은 자리까지 올라가는 걸 보니 이직하기 잘했다는 이중적인 생각도 들었다.

'저런 사람도 임원을 하는데 나는 그보다 더 높은 원장도 가능하지 않을까?' 싶은 생각도 했는데 결국 몇 년 지나지 않아 원장 앞에 위가 붙은 위원장이 되었다.

그리고 오해하지 말자!
우리 회사에 더 이상 저런 쓰레기 같은 문화는 존재하지 않는다.

[좋은 꼰대가 되자!]

꼰대란 무엇인가?

'꼰대'라는 단어는 일제시대부터 존재했던 '곤대짓'이란 단어에서 왔다고 추측되는데, '곤대짓'이란 권력이 높은 사람이 꽉 막힌 생각을 강요하거나 가르치려 드는 행동을 나타낸다. 대체로 나이와 권력은 비례하기 때문에 곤대짓을 하는 사람인 '꼰대'는 노인이나 기성세대를 뜻하는 의미로 사용하게 되었다.

최근 트렌드를 보면 꼰대에는 나이도 성별도 없다.

인터넷이 확산되며 꼰대의 기존 정의는 허물어졌다. 현실 세계에서는 대체로 지위가 높은 사람은 나이가 많았지만, 인터넷은 익명의 세상으로 온라인에서의 지위는 나이나 성별을 불문하기 때문이다. 온라인 세상에서는 익명의 가면을 쓴 사이버 완장질, 불편충들이 난무했다. 20대는 10대에게 급식충이라 했고, 30대라도 틀니가 딱딱거린다고 비하하는 '틀딱' 소리를 듣게 되었다.

직장에서도 나이 많은 세대가 들었던 '꼰대' 소리가 젊은 세대를 향하기 시작했다. 기성세대에게서 자신의 생각을 강요당하거나 지적질을 당한 젊은 세대들이 시간이 지나면서 '꼰대화'된 것이다. 이러한 사람들을 '젊은 꼰대'라고 한다. 젊은 꼰대는 직장에서 후배에게 복장 지적을 하거나 인사를 강요하기도 하고, '라떼는 말이야."라며 자기 자랑을 늘어놓기도 한다. MZ세대라고 꼰대가 아니라는 법은 없는 것이다.

<꼰대 방지 5계명>

1. 내가 틀렸을지도 모른다.

2. 내가 바꿀 수 있는 사람은 없다.

3. 그때는 맞고 지금은 틀리다.

4. 말하지 말고 들어라, 답하지 말고 물어라.

5. 존경은 권리가 아니라 성취다.

– 인터넷 명언

앞에서 밝혔듯 우리는 나이나 성별을 떠나 누구든 꼰대가 될 수 있다(이미 되었는지도 모른다). 부정적인 의미인 꼰대 중에 좋은 꼰대가 있겠냐마는 꼰대의 범위가 매우 넓어 그중에 '좋은 꼰대'는 어떤 모습인지 경험을 통해 적어보았다.

'좋은 꼰대'란 자신이 꼰대임을 인정하는 것!

A팀장이 있었다. 그는 나이로 보나 행동으로 보나 완벽히 꼰대의 정의에 부합했다. 제도적으로 규정되지 않은 일에도 자기 생각대로 행동할 것을 강요했으며 '라떼는 말야'를 무척 좋아했다. 보고서는 반드시 종이로 출력해 30cm 자를 대로 줄이 맞는지 체크를 했다. 게다가 자신이 잘 알지 못하는 단어가 보고서에 나오면 기겁을 했는데, 그 단어가 기존 보고서에 사용된 적이 있는지 레퍼런스를 가져오라고 하였다(표나 색상도 마찬가지였다). 그래서 보고서 작성보다 그 단어가 기존에 쓰였는지 검색하는 작업이 더 오래 걸리는 때도 있었다.

그러나 그 팀장은 다른 꼰대들과의 다른 점이 있었다. 바로 자기 자신이 '꼰대'임을 인정한다는 점이었다. 온갖 꼰대짓을 다 하곤 했지만, 옆에서 누군가 그 행동이 꼰대짓임을 지적하면 그 말을 들어주었다. 본능적으로는 계속해서 자기 생각을 강요하고 싶었겠지만, 꼰대를 극복하려는 끊임없는 노력을 통해 자신의 꼰대짓을 인정하게 된 것이다.

꼰대가 꼰대임을 인정하니 문제가 달라졌다. 그는 여전히 꼰대 라떼를 마시며 자기 생각을 강요하지만 가끔은 남의 말을 듣는 참을 만한 꼰대가 된 것이다. 나는 이걸 바로 '좋은 꼰대'라 부르고 싶다.

꼰대들이여 '좋은 꼰대'가 되자.

"25시간 연속 근무를 지시받다"

앞에서 소개했던 내용을 복습해 보자. 내가 다니는 한국인터넷
진흥원은 사이버 침해 대응, 개인정보 보호 등 사이버 세상에서
의 중요한 일을 하고 있다고 했다. 그래서 비상시를 대비해 정부
에서 주최하는 OO훈련 등에 주기적으로 참여를 하고 있다.

훈련은 다른 기관이나 기업들과 함께하기도 하며, 하루 만에 끝
나는 것이 아니라 보통 며칠을 연달아서 하곤 한다. 야간에도 밤
을 새워 훈련하는 경우가 있는데 당시 우리 팀의 팀원 중 누군가
는 야간 훈련에 참여해야 했다.

밤을 새우는 게 좋을 리는 없었지만, 야간 훈련에 참여하면 대체 휴가와 초과근무 수당을 받을 수 있었다. 팍팍한 월급에 그것도 나쁘지 않아 나는 자발적으로 야간 훈련에 참여하겠다고 자원하였다(돈이 최고다!).

문제는 우리 팀의 팀장이 나에게 주간 업무 시간을 정상 근무한 후 야간 훈련에 참여하라고 한 것이었다. 주간 근무는 오전 9시부터 오후 6시까지였고, 야간 훈련은 오후 6시부터 오전 10시까지 진행이 된다. 한마디로 오전 9시부터 다음날 오전 10시까지 무려 25시간을 연속해서 근무하라는 것이었다.

지금은 주 52시간제로 상상조차 할 수 없는 일이다. 주 5일 근무에 하룻밤만 지새운다고 해도 52시간이 바로 초과하기 때문이다. 하지만 당시에는 이론적으로 가능한 근무 시간이었다. 그렇다 해도 이론은 이론일 뿐이지 어떻게 인간이 정상적으로 25시간을 근무할 수 있었겠는가? (한다 해도 일을 제대로 할 수는 있을까?)

가만히 있을 리가 없는 나는 그런 식으로 어떻게 근무를 하냐며 팀장에게 항의하였지만, 그분은 그 정도 근무는 당연히 해야 하는 거라며 오히려 나에게 화를 내었다. 나는 곧바로 그 자리에서 노동조합에 전화하였고, 연속 25시간 근무가 말이 되는 소리냐며 회사에 강하게 항의해 달라고 요청했다.

결국, 야간 훈련 참여자는 주간에 대체 휴무를 하라며 전사 차원의 공지가 올라왔고 나는 25시간 연속 근무로 과로사할 뻔한 위기를 벗어날 수 있었다.

25시간 근무 사건(?)은 작다면 작은 일이지만 노동조합을 통해 해결된 일이었다. 개인이 회사에 말을 할 수 없는 일이거나, 말을 해도 해결이 되지 않는 부분은 노동조합이 나서면 손쉽게 해결할 수 있다는 교훈도 얻게 되었다. 쓰레기통 사발식 이후 또다시 노동조합의 필요성을 느끼게 되었다.

[한국인터넷진흥원 종합상황실의 모습]

노동조합의 필요성을 느끼다

"국민의 이메일을 도청하라고?"

상사가 부당한 일을 지시하면 어떻게 할 것인가?

여러 회사의 인적성 검사나 면접에서 나오는 단골 질문이다. 나는 뭐라고 답을 했더라? 아주 오래되어 기억이 가물가물하지만 "일단 부당한 지시를 거부한 뒤 어떤 부분이 잘못되었는지 상사에게 차분하게 설명하겠다."라고 답을 했던 것 같다.

그런데 만약 내가 한 차례 부당한 지시를 거절했음에도 계속해서 부당한 업무를 지시하면 어떻게 할 텐가? 미처 생각해 본 적 없는 그런 일이 나에게 일어나고야 말았다.

당시 내가 담당하던 일은 이메일을 분석하여 악성코드가 없는지 검사를 하는 일이었다. 그런데 팀장은 나에게 네이버나 카카오 등의 대형 포털에서 오가는 이메일을 받아다가 우리 회사의 시스템으로 분석을 해주는 일을 추진해 보라는 것 아닌가?

말을 딱 들어 보면 1초 만에 미래가 예상되는 경우가 있다. 이 지시도 딱 보면 각이 나오지 않나? 대기업에서 돈이 없어서 보안 솔루션을 도입 못 할 리도 없었고, 기술이 부족한 것도 아니며, 개인정보 이슈로 우리에게 이메일을 전달해 줄 리도 없었다.

또한 법적으로도 가능할까 싶었는데, 법률을 찾아보니 일반 국민들의 이메일을 받아서 악성코드가 있는지 검사하는 행위는 당사자의 동의가 없으므로 법적으로 '도청'이나 '감청'에 해당하는 일이었다. '감청'의 경우는 공권력에 의해 적법하게 이루어지는 때도 있다. 그래서 팀장이 나에게 지시한 업무를 정확히 표현하자면 '도청'이나 '불법 감청'에 해당할 것인데 이는 통신비밀보호법 제3조 위반으로 1년 이상 10년 이하의 징역에 처하는 아주 무거운 죄였다.

> **제18조** 모든 국민은 통신의 비밀을 침해받지 아니한다.
>
> – 대한민국 헌법

수년 전 온 나라에 화제가 되었던 '국정원 댓글 사건'을 기억하는가? 이 사건은 2012년 대선 기간 국정원에서 댓글을 통해 여론을 조작하여 대통령 선거에 개입하려 한 사건이다. 당시 국가정보원의 몇몇 직원들은 국가정보원장의 지시대로 인터넷 사이트들에 댓글을 남기며 여론 조작을 시도했다.

나는 상사가 지시하면 아무 생각 없이 시키는 대로 하는 사람이 아니다. 개인적으로 직장에서 업무 때문에 스트레스가 생기는 원인은 '생각하기' 때문일 것으로 추측하는데 나는 안타깝게도 '생각하는 뇌'를 집에 남겨 두지 못하고 출근하는 사람 중 하나이다. 게다가 나는 국정원 직원도 아니다. 국정원은 월급이 많을지 모르겠지만(생각보다 많으니 국가 기밀이겠지?) 나는 공공기관의 쥐꼬리만 한 월급을 받으면서 김모 요원처럼 얼굴 팔리고, 감옥에 가냐 마냐 시달리고 싶지 않았다.

과거에 내 업무를 하던 전임자도 팀장에게 얼마나 시달렸는지 변호사에게 법률 자문을 받은 자료가 남아있었고, 그 문서에는 해당 업무는 도청이나 감청에 해당하여 추진이 불가하다는 내용이 적혀 있었다.

그럼에도 팀장은 막무가내였다. 인적성 검사나 면접의 모범 답안처럼 어떤 부분이 잘못되있는지를 차분하게 설명하였지만, 팀장은 핏대를 높여 도청이나 감청은 모르겠고 실적을 채우기 위해 대형 포털에서 이메일을 받아다가 검사하라는 말만 반복하였다.

혹시나 전임자, 나 그리고 업무를 자문했던 변호사가 잘못되었을 수도 있으니 다시 한번 법률 자문을 받기로 했다.

혹시나 했지만 역시나 였다. 두 번째 법률 자문의 내용도 첫 번째와 다르지 않았다. 해당 행위는 도청이나 감청에 해당하여 절대 불가하다는 것이었다.

이 시기는 위에서 언급한 '국정원 댓글 사건'이 완전히 잠잠해진 시기가 아니었다. 국정원 사건 덕에 국민들은 개인정보나 통신비밀 보호에 대해 굉장히 민감해졌고, 만약 정부 기관에서 일반 국민들의 이메일을 도청, 감청했다고 알려지면 굉장한 역풍이 불 수도 있는 상황이었다.

이때 나는 고민을 했다. 아무 생각 없이 대형 포털들에 연락해서 업무를 추진해 볼 것인가? 또는 팀장보다 더 상급자에게 말을 해야 하나? 아니면 노동조합에 연락해서 부당한 업무 지시에 대한 조치를 요청할 것인가?

그런데 "뛰는 놈, 위에 나는 놈, 그 위에 운 좋은 놈."이라 했던가...

고민을 마치고 행동하려던 차에 그 운 좋은 팀장은 더 좋은 자리로 영전하였다. 다행히 새로 온 팀장은 불법적인 부분에 대한 설명을 듣고 더 이상 같은 지시를 하지 않았다.

내가 부당한 지시를 거부할 수 있었던 것은 내 성격이 그렇기 때문이기도 하지만, 노동조합이라는 든든한 뒷배가 있었기 때문이 아닐까? 노동조합은 회사와 우리 사회를 위해서도 필요해 보였다.

"육아휴직을 두 번 쓴 남자"

직장을 옮기고 얼마 지나지 않아 아이가 태어났다. 일정 기간은 아내가 육아휴직을 했지만, 아내 직장의 상황으로 인해 계속해서 휴직할 수는 없는 노릇이었다. 우리 부부는 갓난아이를 어린이집에 바로 보낼 수도 없고 조부모의 도움을 받을 수도 없어 고민에 빠졌다.

"베이비시터를 쓸 것이냐, 육아휴직을 할 것이냐…."

이때 금융권에서 공공기관으로 이직하여 폭락한 내 연봉이 단번에 고민을 해결해 주었다. 베이비시터를 고용하는 비용보다 내가 아이를 직접 보는 것이 경제적으로 유리한 상황이었다(기억을 더듬어 생각해 보자면 당시 베이비시터는 국적에 따라, 24시간 상주냐 출퇴근이냐에 따라 가격이 구분되었고 급여가 거의 나의 월급에 육박했다).

플러스알파로 아이와의 정서적 유대관계를 생각하여 더 이상의 고민 없이 육아휴직을 선택했다.

일반적으로 공무원이나 공공기관 등 공공 부문에서의 육아휴직 사용률이 높다고 한다. 가장 큰 이유는 고용 안전성 때문이겠지만 그 외에도 베이비시터를 쓸 수 없는 낮은 급여도 원인이 될 것으로 추측되었다.

회사에 육아휴직을 신청하려는데 기존에 사용했던 남자 직원은 찾지 못했다. 그래서 여기저기 절차를 문의하자 다들 남자가 육아휴직이 가능하냐고 나에게 되묻는 상황이었다. 발품을 팔아 신청 서류를 만들고 육아휴직을 신청하였다. 살짝 눈치는 있었지만, 무사히 육아휴직을 할 수 있었다.

보통 아이들이 '엄마~' 하며 울 때 우리 아이는 '아빠~' 하며 울었다. 아이와 엄마의 만족도는 높았지만 나는 육아휴직이 매우 힘들었다. 육아휴직을 못 쓰게 회사에서 눈치를 주는 이유는 사실 그 사람을 배려하는 회사의 복지가 아닐까 싶은 말도 안 되는 상상이 될 정도로 힘들었다(우리 아이가 유별나서 그렇다. 겁내지 말고 쓰자!).

몇 년 후 둘째가 태어났다. 그 사이 회사는 서울에서 나주로 지방 이전을 하였고 아내도 다른 직장으로 이직을 하였다. 아내의 새 직장은 나의 직장과 거리가 멀어 엄마 아닌 누군가가 또 아이를 봐야 하는 상황이 되었다.

마침 그 시절 나의 회사 생활은 만족스러웠는데 함께 일하는 동료들과도 마음이 맞아 업무 시간이 즐거웠고, 하는 일도 잘 풀려 재미가 있었다. 앞서 밝혔듯 지난 육아휴직은 나에게 매우 힘들었던 경험이었기 때문에 두 번째는 하기 싫었지만 '첫째만 키워주면 둘째가 나중에 서운해하지 않을까?'라는 아내의 설득에 두 번째 육아휴직을 결정하게 되었다.

[두 아이를 키우는 육아의 무게]

내가 첫 육아휴직을 사용할 당시에는 연차휴가만 써도 인상을 쓰는 부서장들도 있었는데 남자가 육아휴직을 쓴다는 것은 오죽 했겠는가? 그럼에도 눈치야 살짝 있었지만, 노동조합이 있어 대놓고 쓰지 말라는 말은 듣지 못했다(물론 노동조합이 없었어도 나는 육아휴직을 썼을 것이라고 확신한다;;;).

노동조합의 필요성을 또 한 번 느낄 수 있었던 일이었다.

팍팍한 세상을 살아가려면 맞벌이가 필수인 시대가 되었다. 그러나 맞벌이 부부가 할머니, 할아버지의 도움 없이 아이를 키우는 것은 매우 힘든 일이다. 임금이 아주 높지 않은 이상 베이비시터를 쓰는 것도 부담스럽고 아이 관련 사건, 사고를 접하면 불안하기도 하다.

하늘의 별 따기처럼 일찍 등원해서 오후 4시에 하원 시키지 않아도 눈치를 주지 않는 어린이집을 잘 구했다면 일반적인 날들은 문제없이 보낼 수가 있다. 그런데 아이가 아프기라도 하면 비상 상황이 발생한다. 수족구병 같은 병은 전염성이라 어린이집에 보낼 수 없기 때문이다(그리고 아이는 어릴 때 자주 아프다).

부부가 먹고 살려면 맞벌이를 해야 하나, 아이를 키우기 위해서는 맞벌이를 할 수 없는 모순된 상황인 것이다.

정부에서는 저출산을 극복하겠다며 국공립 어린이집을 짓고 육아휴직 수당을 많이 올리는 등 지원을 계속해서 늘리고 있다.

그러나 아직도 부족해 보인다.

맞벌이 부부가 마음 놓고 아이를 키울 수 있는 환경이 되어야만 저출산은
극복될 것이라고 생각한다.

[두 번의 아빠 육아휴직 후기]

처음 육아휴직을 쓸 때만 해도, '회사에 가지 않는다'라는 사실에만 현혹되어 1년간 놀 수 있겠다고 생각을 했다. 주변 사람들도 육아휴직을 가는 나에게 잘 다녀오라며 너무 놀지만 말고 취미 생활을 하라는 등의 조언을 아끼지 않았다.

다 개소리였다.

"히틀러가 왜 유럽을 정복하지 못했을까?" 바로 육아휴직을 해보지 않았기 때문이다. 만약 육아휴직을 해서 남자아이 두 명을 직접 키워봤다며, 육아를 하느니(우주 정복은 몰라도) 세계정복

정도는 우습게 할 수 있었을 것이다.

 아빠 육아 = 북유럽 육아

 한때 북유럽 육아가 화제가 되었던 적이 있다. 아빠가 육아에 적극적으로 참여하며 아이가 스스로 행동하고 배우게끔 양육하는 방식인데, 나는 우리나라의 아빠 육아가 바로 북유럽 육아와 비슷하다고 생각하였다.

 아빠 육아는 아이가 스스로 행동하게 하는 것이다.

 아이가 기어 다닐 때쯤 문화센터를 다닐 때의 일이다. 그날은 선생님께서 귤을 가져와 나눠 먹게 되었다. 나는 아이에게 귤 한 개를 그대로 줬고 우리 아이는 자그마한 손으로 스스로 귤껍질을 까고 있었다. 무심코 주위를 둘러보니 다른 아이들은 엄마가 귤껍질을 까고 내부의 하얀 속껍질까지 제거해서 알맹이만 주는 게 아닌가?

 사실 엄마들의 행동을 보고 살짝 충격을 받았다. 그래서 물어보니 귤의 하얀 속껍질도 아이들이 소화하지 못할까 봐 까준다는 게 아닌가?

 아빠 육아는 우리 아이가 스스로 귤을 까먹을 수 있고 하얀 속껍질까지 잘 소화할 수 있는 튼튼한 아이로 만들어 주었다.

북유럽 육아처럼 비가 오나 눈이 오나 날씨에 구애받지 않고 활동적으로 시간을 보내는 것도 아빠 육아다. 메르스가 한창 유행할 때는 아이와 문화센터에 갔더니 우리 둘뿐인 것 아니겠는가? 아빠 육아 덕분에 우리 아이는 1:1 과외를 받는 호사를 누릴 수 있었다.

또한, 아빠 육아는 웬만한 상처는 눈치채지도 못해 항생제나 약 따위에는 의존하지 않고도 아이의 자연치유 능력을 기른다(물론 너무 눈치 없으면 아내에게는 혼날 수도 있으니 주의해야 한다).

[메르스 때 문화센터에서 과외 중]

노동조합의 필요성을 느끼다

쪽쪽이를 끊다.

아이가 신생아 때는 입으로 빠는 욕구가 있다. 그래서 쪽쪽이 혹은 공갈 젖꼭지를 사용하면 아이들에게 안정감을 주곤 한다. 문제는 이 쪽쪽이를 계속해서 사용할 수 없다는 것이다. 너무 오랫동안 사용하다 보면 치아에 부정교합이 생긴다거나 중이염이 올 수도 있고 발음이 부정확해져 언어 발달에 지장이 올 수도 있다.

그래서 적당한 시기에 쪽쪽이를 끊어줘야 한다. 그런데 어른이 담배를 끊는 것도 힘든데 그동안 매일같이 사용했던 물건을 어린아이가 한 번에 쉽게 끊을 수는 없는 노릇 아닌가. 그래서 쪽쪽이를 끊기 위한 다양한 방법들이 존재하는데 쪽쪽이에 구멍을 낸다거나 아이가 보는 앞에서 쪽쪽이를 잘라 현관문 밖으로 던지는 충격 요법을 쓰기도 한다(충격 요법은 아이 정서에 좋지 않다고 한다).

우리 아이도 쪽쪽이를 어떻게 끊을지 고민을 많이 했다. 그런데 결국 쪽쪽이를 이렇게 끊었다. 어느 날 아이와 외출을 하는데 쪽쪽이를 챙겨가지 않은 것이다. 밖에서 보채봤자 별수 없었기에 한 방에 쪽쪽이를 끊게 됐다. 무심한 아빠 육아가 빛을 발하는 순간이었다.

쉽지만은 않은 아빠 육아

아빠 육아가 장점도 많지만, 솔직히 우리나라에서 남자가 아이를 키운다는 것은 쉽지 않은 일이다.

인간은 사회적 동물로 소통하고자 하는 욕구가 존재한다. 아빠 육아의 어려움으로는 먼저 육아에 대한 고민을 나누고 정보를 얻을 수 있는 동지가 많지 않다는 것이다.

나는 같은 회사에서도 육아휴직을 쓴 남자를 본 적이 없고 아이랑 문화센터를 가면 항상 나 혼자 남자였다. 요즘 육아 정보나 공동구매 등 육아 관련 꿀팁을 얻을 수 있는 곳은 '인터넷 맘카페'다. 그런데 맘카페는 여자만 가입이 가능하게 제한되어 있어 남자는 가입조차 불가능했다.

[아빠가 출입 금지된 공공기관의 안내문.
현재는 아빠도 출입할 수 있도록 개선되었다.]

내가 육아휴직을 사용할 당시만 해도 수유실('유아 휴게실'을 의미)에는 엄마만 출입이 가능한 곳이 많았다. 영등포에 있던 대형마트도 그러했고 공공기관인 국립아시아문화전당도 그랬다. 아이에게 직접 모유 수유를 하는 공간을 말하는 것이 아니라 기저귀를 갈고 전자레인지나 정수기가 놓인 공간도 출입을 제한했다.

덕분에 백화점이나 마트에 가서 기저귀를 갈아야 할 때쯤에는 아내에게 내가 들어갈 수 없다는 핑계를 대면 기저귀를 가는 수고를 덜 수 있었다. 하지만 내가 육아휴직을 하고 나 혼자 아이를 데리고 다니자 유아 휴게실 아빠 출입 금지는 문제가 되었다. 아이를 데리고 항상 야외로만 다닐 수 없어 날씨의 영향을 받지 않는 실내 시설을 주로 찾게 되었는데 그 결과 마트나 백화점에 자주 다니게 되었기 때문이다.

우리 아이는 아빠가 혼자 데리고 왔다는 이유로 냄새나는 화장실에서 기저귀를 갈아야만 했다. 게다가 화장실의 기저귀 교환대는 접이식으로 항상 접혀 있어 청소 상태가 불량하거나 잘 사용하지 않다 보니 제대로 동작하지 않는 경우도 있었다. 기저귀 교환대는 보통 높이 설치되어 있는데 접이식으로 고정되어 있지 않다 보니 기저귀를 갈다가 아이가 떨어질 위험도 있었다(현재는 대부분 명칭도 유아 휴게실로 바뀌고 아빠들이 출입할 수 있도록 바뀌었다).

그러다 외국계 기업인 이케아에 방문했을 때 신세계를 경험했다. 사실 충격을 받았다고 하는 것이 맞을 것이다.

일단 유모차도 여유 있게 내릴 수 있는 넓은 주차장과 아이와 함께 이용할 수 있는 가족 화장실을 보고 감동하였고, 잘 꾸며진 놀이방은 무료로 운영되고 있었다. 레스토랑에서는 전자레인지나 정수기는 물론 아이 식기도 준비되어 있었으며, 아이와 방문했다고 하면 유기농 이유식을 무료로 제공해 주기까지 하였다.

우리나라가 선진국인지 알았건만 아직 멀었다는 게 느껴졌다. 이케아에서 우리나라와는 다른 아이들을 대하는 자세가 느껴졌다. 그 후 이케아는 육아휴직 기간 아이와 자주 방문하는 아지트가 되었다.

[이케아에서 쇼핑 중인 첫째]

힘들었지만 후회는 없다.

내가 과장(?)하여 힘들다고 적은 것이지 육아휴직을 두 번 한 것에 대해 후회는 없다. 우리 아이들이 성장하는 시간을 함께한다는 것은 두 번 다시 오지 않을 기회이기 때문이다.

육아휴직에 대한 정부의 지원이나 혜택도 계속해서 증가하고 있다. 육아휴직 수당도 계속해서 증가하고 있고, 두 번째 육아휴직을 사용하는 사람을 위한 '아빠의 달' 혜택도 존재한다.

아이와 함께할 수 있는 육아휴직을 쓰자!

육아휴직 급여 정보

육아휴직급여는 만8세 이하 또는 초등학교 2학년 이하의 자녀를 가진 근로자가 그 자녀를 양육하기 위해 남녀 고용 평등과 일 가정 양립 지원에 관한 법률 제19조에 의한 육아휴직을 30일 이상 부여받고 소정의 수급요건을 충족하는 경우 육아휴직 기간에 대하여 통상임금의 100분의 80(상한액:월 150만 원, 하한액:월 70만 원)을 육아휴직 급여액으로 지급합니다.

※ 단, 육아휴직 급여액의 100분의 25는 직장 복귀 6개월 후에 합산하여 일시불로 지급합니다.

근로자의 귀책사유가 없는 비자발적인 사유(구직급여 수급자격 제한 기준을 동일하게 적용)로 육아휴직 종료 후 복직하여 6개월 이전에 퇴사한 경우 육아휴직 복귀 후 지급금(100분의 25)을 지급합니다(육아휴직 종료일이 2019.09.30. 이후인 근로자 대상).

※ 육아휴직급여 25%(사후지급금)는 고용센터에서 육아휴직급여 신청자에 대한 지급요건(육아휴직 종료 후 해당 사업장에 복직하여 6개월 이상 계속 근무한 경우)확인 후 지급합니다.

○ 육아휴직이란?

- 육아휴직이란 임신 중인 여성 근로자나, 근로자가 만 8세 이하 또는 초등학교 2학년 이하의 자녀를 양육하기 위하여 신청, 사용하는 휴직을 말합니다.
- 육아휴직은 근로자의 육아 부담을 해소하고 계속 근로를 지원함으로써 근로자의 생활안정 및 고용안정을 도모하는 한편, 기업의 숙련인력 확보를 지원하는 제도입니다.

※ '20.2.28부터는 부부가 동시에 육아휴직 신청 가능하고, 임신 중 육아휴직은 '21.11.19.부터 가능합니다.

○ 육아휴직 기간

- 육아휴직의 기간은 1년 이내입니다.
- * 자녀 1명당 1년 사용 가능하므로 자녀가 2명이면 각각 1년씩 2년 사용 가능
- * 근로자의 권리이므로 부모가 모두 근로자이면 한 자녀에 대하여 아빠도 1년, 엄마도 1년 사용 가능하며, 부부가 동시에 같은 자녀에 대해 육아휴직 사용 가능합니다.

○ 지급대상

- 사업주로부터 30일 이상 육아휴직을 부여받아야 합니다. 근로한 기간이 6개월 미만인 근로자는 사업주가 육아휴직을 거부할 수 있으니 유의하세요.
- *'20.11월부터 육아휴직(육아기 근로시간 단축 포함)을 '30일 미만'으로 분할 하여 사용한 경우에도, 육아휴직 기간을 합산하여 '30일 이상'인 경우에는 지급(다만, 합산대상에 포함하려는 육아휴직은 육아휴직급여 청구일을 기준으로 1년 이내에 종료된 육아휴직이어야 함)
- 육아휴직 개시일 이전에 피보험단위 기간(재직하면서 임금 받은 기간)이 모두 합해서 180일 이상이 되어야 합니다. ① 수급자격 인정과 관련된 이직일 이전의 피보험단위 기간은 산입되지 않음 ② 이직 후 재취득까지의 기간이 3년을 초과하는 경우에는 제외

○ 지급액

- 육아휴직 기간(1년 이내)에 대하여 통상임금의 100분의 80(상한액:월 150만 원, 하한액:월 70만 원)을 육아휴직 급여액으로 지급합니다. 단, 육아휴직 급여액 중 일부(100분의 25)를 직장 복귀 6개월 후에 합산하여 일시불로 지급합니다.
- 또한, 육아휴직 기간 중 사업주로부터 육아휴직을 이유로 금품을 지급받은 경우로서 매월 단위로 육아휴직 기간 중 지급받은 금품과 육아휴직급여의 100분의 75에 해당하는 금액(하한액 70만 원)을 합한 금액이 육아휴직 시작일 기준으로 한

월 통상임금을 초과한 경우에는 그 초과한 금액을 육아휴직급여의 100분의 75에 해당하는 금액에서 빼고 지급합니다.
- 근로자의 귀책사유가 없는 비자발적인 사유(구직급여 수급자격 제한 기준을 동일하게 적용)로 육아휴직 종료 후 복직하여 6개월 이전에 퇴사한 경우 육아휴직 복귀 후 지급금(100분의 25)을 지급합니다.(육아휴직 종료일이 2019.09.30. 이후인 근로자 대상)

○ 육아휴직급여 특례

◆ '3+3 부모 육아 휴직제'

- 같은 자녀에 대하여 자녀 생후 12개월 내 부모가 동시에 또는 순차적으로 육아휴직 사용하는 경우, 첫 3개월에 대해 부모 각각의 육아휴직급여를 상향하여 지급합니다.
(두 번째 육아 휴직자의 육아휴직 최초 개시일이 '22.1.1. 이후여야 함)
* 부모 모두 3개월+3개월 육아휴직급여 지원 신설(만 0세 이하 자녀)
- 母 3개월 + 父 3개월 : 각각 상한 월 300만 원 지원(통상임금의 100%)
- 母 2개월 + 父 2개월 : 각각 상한 월 250만 원 지원(통상임금의 100%)
- 母 1개월 + 父 1개월 : 각각 상한 월 200만 원 지원(통상임금의 100%)
- 3+3 육아 휴직제가 적용된 기간은 육아휴직급여 사후지급분 제도는 적용되지 않습니다.
  - 사후지급분 제도 : 육아휴직급여의 25%는 육아휴직급여 종료 후 복귀하여 6개월 이상 근무한 경우에 지급하는 제도
  - 임신 중 육아휴직 사용 후 출산한 자녀에 대하여 배우자가 자녀 생후 12개월 이내 육아휴직을 최초 개시하는 경우에도 적용되나, 두 번째 육아 휴직자의 육아휴직 최초 개시일이 '22.1.1. 이전인 경우에는 적용되지 않음
- 배우자가 공무원인 경우나 사립학교 교원인 경우 등은 고용보험 시스템에 육아휴직 이력이 남지 아니하나, 배우자가 육아휴직을 사용한 적이 있다는 확인서 등을 제출한다면, 근로인 신청인에 대해서는 3+3 부모 육아 휴직제 급여를 지급

받을 수 있습니다.

◆ '아빠 육아휴직 보너스제'

• 같은 자녀에 대하여 부모가 순차적으로 모두 육아휴직을 사용하는 경우, 두 번째 사용한 사람의 육아휴직 3개월 급여를 통상임금의 100%(상한 250만 원)로 상향하여 지급합니다(4개월 이후 급여는 통상임금의 50%(상한 120만 원)로 지급).
  * 2019.1.1.부터 상한액 250만 원 적용, 이전은 상한액 200만 원

• 아빠 육아휴직 보너스제가 적용된 달(첫 3개월)은 육아휴직급여 사후지급분 제도는 적용되지 않습니다.

• 부모가 같은 자녀에 대하여 순차적으로 사용하는 경우 두 번째 육아휴직을 사용한 경우 지급되며, 육아기 근로시간 단축을 사용한 경우와 부부가 같은 자녀에 대하여 동시에 육아휴직을 사용하는 경우에는 아빠 육아휴직 보너스제 급여 지급대상이 아닙니다.

• 단, '16.1월 이후에 동일한 자녀에 대하여 두 번째 육아휴직을 사용한 근로자에게만 아빠 육아휴직 보너스제가 3개월 적용됩니다.- 이미 같은 자녀에 대해 '16.1.1. 이전 휴직을 했고, '16.1.1. 이후 나머지 기간을 분할 사용 또는 연장 시 3개월 혜택 미적용

• 배우자가 공무원인 경우나 사립학교 교원인 경우 등은 고용보험 시스템에 육아휴직 이력이 남지 아니하나, 배우자가 육아휴직을 사용한 적이 있다는 확인서 등을 제출한다면, 아빠 육아휴직 보너스제 급여를 지급 받을 수 있습니다.

◆ 한 부모 근로자 육아휴직급여 특례

• 한 부모 근로자(「한부모가족지원법」 제4조 제1호의 모 또는 부)는 첫 3개월 통상임금 100%(상한 250만 원), 4~12개월 통상임금 80%(상한 150만 원)를 지원합니다.

• 한 부모 근로자 육아휴직급여 특례가 적용된 달(첫 3개월)은 육아휴직급여 사후지급분 제도는 적용되지 않습니다.

○ 신청 시기

- 육아휴직을 시작한 날 이후 1개월부터 매월 단위로 신청하되, 당월 중에 실시한 육아휴직에 대한 급여의 지급 신청은 다음 달 말일까지 해야 합니다. 매월 신청하지 않고 기간을 적치하여 신청 가능합니다.
- 단, 육아휴직이 끝난 날 이후 12개월 이내에 신청하지 않을 경우 동 급여를 지급하지 않습니다.

○ 신청방법

구비서류	• 육아휴직급여 신청서 • 육아휴직 확인서 1부(최초 1회만 해당) • 통상임금을 확인할 수 있는 증명자료(임금대장, 근로계약서 등) 사본 1부 • 육아휴직 기간동안 사업주로부터 금품을 지급받은 경우 이를 확인할 수 있는 자료의 사본 1
신청방법	육아휴직급여를 지급받고자 하는 근로자는 신청인의 거주지나 사업장의 소재지 관할 직업안정기관의 장에게 신청해야 합니다.
온라인 신청	사업주(기업회원: 최초 1회)가 확인서를 접수한 후 신청인(개인회원)이 급여신청서를 접수합니다.
센터방문 / 우편	확인서 및 급여신청서를 고용센터에 접수합니다.

3. 기성노조에 불만이 쌓이다

"육아휴직 여자는 3년, 남자는 1년?"

"회사 상해보험 때문에 손해를 보다"

[포트홀 사고에 대한 배상 절차]

"노조에서 북한에 쌀은 왜 보내야 하나?"

"이게 공정이냐? 하후상박과 정규직화"

"성과연봉제 인센티브 반납"

"육아휴직 여자는 3년, 남자는 1년?"

남자와 여자가 단지 성별이 다르다는 이유만으로 근로조건이 다르다는 것이 이해가 가는가? 왜 육아휴직이 여자는 3년이고 남자는 1년인가? 남자는 애를 볼 수 없는 과학적인 근거가 존재하는가? 상황에 따라서 여자가 애를 키울 수도 있고 남자가 키울 수도 있는 것 아닌가?(나처럼…ㅠ) 남녀 차별 철폐와 양성평등을 위해 앞장서는 나는 이 일을 그냥 두고 볼 수 없었다.

마침 그해에는 단체협약이 있는 해였다. 기성노조에서는 단체협약에 대한 의견을 모으는 중이었고 나는 조합원으로서 육아휴직에 대한 남녀 차별 문제를 개선해 달라 적어 메일로 보냈다.

- 단체교섭 : 노동조합이나 그 밖의 노동단체가 교섭 대표를 통해 사용자(회사) 측과 근로조건 합의에 도달할 것을 주된 목적으로 하여 교섭하는 것
- 단체협약 : 단체교섭이나 쟁의행위에 결과로 합의된 사항을 협약이라는 형태로 서면화한 것

　그런데 단체협약이 체결된 이후에 보니 나의 요청 내용은 쏙 빠져있었다. 기성노조의 사무국에 항의하자 이례적으로 간부 중 한 명이 직접 나의 자리까지 찾아와 해명하였다. 그러면서 '우리는 공공기관이라 공무원 규정을 따라간다. 육아휴직 관련 공무원 규정이 여자 3년, 남자 1년이라 우리가 더 달라 주장할 수 없었다'라고 대답하는 것 아닌가?

　그런데 문제는 공무원은 이미 2015년부터 남, 여 동일하게 육아휴직이 3년이라는 것이다. 법을 잘못 찾아본 것인지, 내가 모를 줄 알고 둘러대려는 것인지는 모르겠으나 핑계를 찾아도 한참 잘못된 내용을 찾았다. 내가 그 내용을 이야기하자 그 간부는 아마 아닐 것이라며 나의 법 지식을 의심한 뒤 그냥 돌아갔다.

　이후 서울에서 근무하는 기성노조의 또 다른 간부가 나주까지 찾아와 공무원 육아휴직 제도가 여자 3년, 남자 1년이라 단체협약에 못 넣었다는 소리를 다시 하였다.

　한숨이 나왔다.

추정하기로는 나의 메일을 단순히 보지 않고 넘긴 듯한데(전문 용어로 '뭉개기') 어설프게 해명을 하자니 꼬이고 꼬이는 것이다. 내가 공무원 규정에 대해 올바른 내용을 설명하자 그 간부는 "아, 그렇네요."라며 힘없이 대답하였다.

나는 다음 단체협약까지 2년을 기다리게 됐다.

나의 두 번째 육아휴직은 2월에 끝났다. 3월부터 둘째가 어린이 집을 가기로 되어 있었는데 어린이집에는 아이가 처음부터 엄마, 아빠와 떨어져 아침부터 저녁까지 있을 수 없으니 적응 기간이란 게 있다. 처음에는 아이가 어린이집에 갔다가 바로 돌아오고, 다음날은 조금 더 놀고, 그다음에는 점심을 먹고 오고 하는 식으로 아이를 어린이집에 적응시키는 것이다. 그래서 나도 우리 둘째의 어린이집 적응 기간을 위해 육아휴직을 한 달만 더 쓰고 싶었지만 남자는 1년이라는 회사 규정상 복직을 해야 했다.

회사 내부에서 개선을 요구했는지 아닌지 지금은 기억이 나지 않지만, 이야기를 해봤자 개선될 리가 없었고 이미 기성노조에서도 무시를 당했던 터였다. 결국, 나는 육아휴직 제도 개선에 관한 회사의 공식적인 답변을 듣고 싶었다. 그런데 마침 우리 회사는 공공기관이었다. 그래서 나는 국민신문고를 통해 회사에 육아휴 직 제도의 개선을 요구하였다.

나는 자기 회사에 민원을 넣은 사람이 되었다.

민원을 넣은 후 회사의 답변을 기다렸다. 한 번에 들어주기는 쉽지 않겠지만 돈이 드는 일도 아니고 공무원도 하는데 무언가 긍정적인 답변을 주지 않을까? 하는 일말의 기대감도 있었다.

그런데 회사에서는 나의 민원을 처리기한이 임박할 때까지 기다린 후 한 차례 연장하였고 그 연장된 기간이 다 되어가자 추가로 처리기한을 연장하는 것이 아닌가?

나를 너무 얕봤다. 나는 의문이 생기면 무조건 찾아보는 편이라 법을 찾아봤다.

민원 처리에 관한 법률 시행령 제21조에 따르면 민원은 한차례 연장할 수 있고 민원인의 동의를 받아 한 차례만 다시 연장할 수 있다. 민원인의 동의를 전제로 총 두 번의 연장이 가능한 것이다.

그러나 이번 민원은 나의 동의를 받지 않고 두 번을 연장하였다. 그럼 어떻게 해야겠는가? 동 시행령 제18조에 따라 민원 처리 과정에 대한 시정 요구를 할 수 있다. 그것도 무려 감독기관에 할 수 있다.

제18조(민원 처리 과정에 대한 시정 요구) ① 민원인은 민원 처리 과정에서 다음 각호의 어느 하나에 해당하는 경우에는 그 행정기관의 장 또는 감독기관의 장에게 이를 시정할 것을 요구할 수 있다.

1. 행정기관의 장이 법 제9조 제1항을 위반하여 민원의 접수를 보류·거부

하거나 접수된 민원문서를 부당하게 되돌려보낸 경우

2. 행정기관의 장이 법 제10조 제1항을 위반하여 관계 법령 등에서 정한 구비서류 외의 서류를 추가로 요구하는 경우

3. 법 제17조 또는 제18조에 따른 민원의 처리 기간을 경과한 경우

② 제1항에 따른 시정 요구를 받은 행정기관의 장 또는 감독기관의 장은 지체 없이 이를 조사하여 필요한 조치를 하고 그 처리 결과를 민원인에게 통지하여야 한다.

제21조(처리 기간의 연장 등) ① 행정기관의 장은 부득이한 사유로 처리 기간 내에 민원을 처리하기 어렵다고 인정되는 경우에는 그 민원의 처리 기간의 범위에서 그 처리 기간을 한 차례 연장할 수 있다. 다만, 연장된 처리 기간 내에 처리하기 어려운 경우에는 민원인의 동의를 받아 그 민원의 처리 기간의 범위에서 처리 기간을 한 차례만 다시 연장할 수 있다.

– 민원 처리에 관한 법률 시행령

나는 한국인터넷진흥원의 감독기관인 과학기술정보통신부에 곧바로 민원을 넣었고 아래와 같이 답변을 받았다.

1. 안녕하십니까? 과학기술정보통신부입니다. 과학기술과 IT 산업발전을 위한 관심과 참여에 깊이 감사를 드립니다.

2. 선생님께서 국민신문고를 통해 한국인터넷진흥원 민원 처리 과정에 대한 시정처리 관련하여 질의하신 민원에 대해 아래와 같이 회신 드립니다.

3. 선생님께서는 한국인터넷진흥원의 육아휴직 제도 개선 요청으로 두 번에 걸쳐 민원을 제기했으나 동문서답의 성의 없는 답변과 민원 처리 기한 연장을 민원인 동의 없이 처리한 민원에 대하여 관리 감독기관에서 민원 처리 과정이 잘못된 점에 대해 시정처리 요구로 이해됩니다.

4. 선생님의 질의 사항에 대한 검토 의견은 다음과 같습니다.

o 민원인의 동의를 구하지 않고 처리기한을 연장한 이유는 한국인터넷 진흥원 국민신문고 담당자가 처리기한 날짜를 착각하여 민원 처리를 지연시킨 부분에 대해서는 담당자가 선생님께 대단히 죄송하다는 심정을 갖고 있는 부분에 대해 확인했습니다.

o 이와 관련해서 미흡한 응대 태도에 대해서 불편을 겪으신 점 다시 한 번 사과의 말씀을 전해 드립니다. 해당 직원에 대해서는 경위서를 징구 하고 재발되지 않도록 개별 교육 진행 및 유사사례가 발생되지 않도록 주의 촉구토록 하겠습니다.

o 아울러, '육아휴직 제도 개선' 사항에 대해서는 '19년도 상반기 노사 협의회에서 논의하고 '19년도 단체협약개정 시 반영하는 데 노력하겠 다는 답변을 받았으며 이를 감독 · 관리하는 기관으로써 철저히 검토하 도록 하겠습니다.

4. 추가로 궁금한 사항이 있으시면 본 민원을 담당한 과학기술정보통 신부 정보보호기획과 OOO주무관 (전화 : 02-0000-0000, 이메일 :

0000@korea.kr, 부재 시 국번 없이 1335번) 에게 문의하시면 성심을 다해 답변하도록 하겠습니다.

5. 과학기술정보통신부는 앞으로도 민원인의 입장에서 불편 사항을 다시 한번 생각하고 개선사항을 발굴하는 등 민원불편사항을 재점검하고 민원인의 편의를 위해 최선을 다할 것임을 약속드립니다.

6. 겨울이라 많이 추운데 건강관리에 주의를 더욱 기울이시길 바랍니다. 선생님의 무궁한 발전을 기원합니다. 감사합니다. 끝.

— 국민신문고 답변

결국, 과학기술정보통신부의 답변은 단체협약에서 남성 육아휴직 제도 개선 요구를 받아주겠다는 것이다. 부처에서 결정을 한 건은 공공기관에서 뒤집히는 경우가 절대 없다. 이제 육아휴직 제도 개선을 위한 자유 이용권을 얻은 셈이니 일이 쉽게 풀리지 않을까?

국민신문고 민원과는 별개로 국가인권위원회에도 진정을 하였다. 진정의 요지는 육아휴직에 대한 남녀 차별은 양성 평등한 근무환경이 아니므로 양성평등 기본법 제24조 위반이며, 이를 개선하라고 요구하였으나 저출산 극복을 위해 모범을 보여야 할 공공기관에서 거부하고 있다는 내용이었다.

제24조(경제활동 참여) ① 국가와 지방자치단체는 관계 법률에서 정하는 바에 따라 근로자의 모집·채용·임금·교육훈련·승진·퇴직 등 고용 전반에 걸쳐 양성평등이 이루어지도록 하여야 한다. 〈개정 2016. 12. 20.〉
② 국가 기관 등과 사용자는 직장 내의 양성 평등한 근무환경 조성을 위하여 필요한 조치를 취하여야 한다.

– 양성평등 기본법

결국, 국가인권위원회에서도 이 건을 직장 내 남녀 차별로 '의견표명' 해주었다.

그사이 단체협약 시즌이 다가왔고 나는 과학기술정보통신부의 답변 내용과 국가인권위원회에서 의견 표명한 자료를 기성노조에 제출하였다.

그러나!!

조합원에게 공유된 단체협약 요구안에는 '남, 여 동일 육아휴직 기간 3년' 내용이 빠져있었다. 기성노조의 대의원을 통해 알아보니 이번 단체협약 요구안에 육아휴직 개선 내용을 넣지 않은 이유는 자기들과 친한 노동조합이 있는 기관에서 남자 육아휴직 3년인 곳이 없다는 이유에서였다. "줘도 못 먹나?" 혹은 "끼리끼리 논다."라는 말이 생각났다.

이렇게까지 했는데 그냥 넘어갈 수 있겠는가? 그 대의원에게 2

년 전 기성노조에 건의했다 무시당한 일부터 국민신문고와 국가인권위원회까지 나의 노력을 설명하였고, 이번에도 육아휴직이 개선되지 않으면 가만히 있지 않겠다며 강력한 입장을 전달했다.

마침내 이 내용은 단체협약 요구안에 들어가게 되었고, 그해 단체협약에 반영이 되었다. 그 이후 우리 회사는 남, 여 동일하게 육아휴직 기간이 3년으로 운영되고 있다.

글로 적자니 얼마 되지 않아 보이지만 나는 양성평등과 육아휴직 제도 개선을 위해 긴 시간 동안 열심히 노력하였다.

'내가 이렇게 직접 발로 뛰어 제도를 개선한다면 기성노조에 조합비를 낼 필요가 있나?'라는 의문이 생기기 시작했다.

"회사 상해보험 때문에 손해를 보다"

우리 회사에서는 복지 차원에서 상해보험을 들어준다(대신 복지포인트가 줄어든다. 이게 바로 '조삼모사'다). 그 단체 상해보험에는 피보험자가 실제 부담한 의료비를 보상해 준다는 실손보험이 들어가 있다.

일반적으로 실손보험은 중복보장이 되지 않기 때문에 개인이 보험회사를 통해 가입하는 경우에는 이미 실손보험에 가입이 되어 있다면 추가로 가입을 할 수 없다. 그런데 회사에서 단체로 가입할 때는 중복 가입이 가능한 허점이 있다.

회사에서 돈을 내고 보험을 들어준다 해도 어차피 중복보장이 되지 않기 때문에 돈 낭비였고, 나는 기성노조에 이 부분에 대한 개선을 요청하였다. 그러나 기성노조에서는 복지비에서 사용하는 거라 어쩔 수 없다고만 답변을 하고 더 이상의 액션은 없었다.

이때 바로 더 파고들었어야 했나? 결국, 일이 터지고야 말았다. 내가 포트홀을 밟고 사고가 난 것이다. 넘어질 때 하필 둘째를 안고 있어 손으로 바닥을 짚지 못했고 모든 충격을 그대로 받은 나의 발목 인대는 끊어지고 말았다. 엄청 창피해서 일어나려고 했지만, 너무 아파 움직일 수가 없었다. 결국, 주변에서 119를 불러 줘 구급차를 타고 응급실로 실려 갔다(그 와중에 아이들은 구급차를 타서 좋아했다 ;;;).

[내가 부상을 당한 포트홀]

기성노조에 불만이 쌓이다

살면서 이 정도로 크게 다쳐본 것은 처음이었다. 치료 기간도 길었고 치료비도 생각보다 많이 나왔지만, 자기부담금 0%의 실손보험이 있었던 나는 마음을 편히 먹고 있었다.

그런데 모든 치료를 마치고 보험회사에 보험금을 청구하니 총 청구금액 중 일부만 주는 것이 아닌가? 보험회사에서는 다른 회사에 실손보험이 있어 비례보상을 한다는 것이었다. 게다가 그 보험은 나중에 출시된 보험으로 자기부담금이 30%였고 고가의 치료는 아예 보상조차 해주지 않았다.

대충 내가 100만 원의 치료비를 지출했다고 하자. 원래 내 보험회사에서 100만 원을 받을 수 있었던 것을 50만 원만 받고, 나머지 50만 원 중 자기부담금과 특정 치료를 제외한 20만 원만을 다른 보험회사에서 받게 되어 나는 약 30만 원의 손해를 보게 된 것이다.

회사에서 나를 위해 돈을 써서 나를 손해 보게 하다니 뭔가 이상하지 않은가?

그냥 넘어갈 수 없는 일이었다. 나는 공무원 사례를 조사하였고, 공무원은 자신이 단체보험에 실손보험을 넣을지 말지 결정할 수 있을 뿐 아니라 보험의 보장 범위까지 폭넓게 선택할 수 있다는 사실을 알아냈다.

내가 손해 본 일과 조사한 사례를 첨부하여 회사에 상해보험 제도 개선을 건의하였다. 나의 건의가 타당했는지, 결국 회사에서는 다음 해부터 실손보험을 선택할 수 있게 개선해 주었다.

애초에 내가 보험에 관해 문의했을 때 기성노조에서 사측에 개선을 요구했다면, 개인이 요청했을 때보다 더 손쉽게 제도를 바꿀 수 있었을 것이라 추측된다. 그랬다면 내가 다쳤을 때 회사의 단체 상해보험 때문에 손해를 보는 일이 발생하지도 않았을 것이다.

기성노조에 또다시 실망하게 되었다.

실손보험에 가입했는데 회사에서 또 가입을 해줬다면?

나의 사례와 같은 실손보험 단체-개인 중복가입자가 백만 명이 넘는다고 한다. 이러한 경우 대부분 회사에서 보험료를 전액 부담하기 때문에 '개인 실손 중지 제도'를 이용하는 것을 생각해 볼 수 있다. 이 제도는 단체 실손은 유지하고 개인 실손은 일시 중지하는 제도다.

중지 제도를 활용하면 차후 회사를 퇴사하게 되어 단체 실손을 해지하게 되면 무심사로 개인 실손 재가입이 가능하다. 다만 기존에 가입했던 상품이 아닌 재개 시점에 판매되는 상품으로 가입하게 되는데, 기존에 자기부담금이 0%인 상품이었다가 재개 시점에 자기부담금 30%짜리로 가입이 될 수도 있는 것이다. 일반적으로 시간이 갈수록 보험의 조건은 나빠지기 마련이니 대부분 손해일 것이다.

정리하자면 회사에서 단체보험에 가입할 때 실손을 넣을지 말지 선택할 수 있게 하는 게 최선이지만 어쩔 수 없는 경우라면 '개인실손 중지 제도'도 고려해볼 만하겠다.

[포트홀 사고에 대한 배상 절차]

노동조합과는 관련은 없으나 알아두면 손해 볼 일 없는 포트홀 사고에 대한 국가/지자체 배상 절차를 알아보자.

나의 경우는 몸을 다쳤지만, 일반적으로 자동차 사고가 자주 발생한다. 포트홀은 겨울이 지나고 봄이 오는 시기에 많이 생기며 그걸 밟은 자동차의 타이어 또는 휠이 손상되거나 사고가 나기도 한다.

포트홀을 관리하는 국가나 지자체에 배상을 받기 위해 그 근거를 알아보자.

제29조 ①공무원의 직무상 불법행위로 손해를 받은 국민은 법률이 정하는 바에 의하여 국가 또는 공공단체에 정당한 배상을 청구할 수 있다. 이 경우 공무원 자신의 책임은 면제되지 아니한다.

②군인·군무원·경찰공무원 기타 법률이 정하는 자가 전투·훈련 등 직무집행과 관련하여 받은 손해에 대하여는 법률이 정하는 보상 외에 국가 또는 공공단체에 공무원의 직무상 불법행위로 인한 배상은 청구할 수 없다.

– 대한민국 헌법

※ 참고로 보상과 배상은 차이가 있다. 보상은 적법한 공권력의 행위에 대한 대가의 지급이고 배상은 위법한 공권력에 대한 금원의 지급이다.

무려 대한민국 헌법 제29조에서 국가나 공공단체에 정당한 배상을 청구할 수 있다고 되어 있다. 이제 절차를 알아보자.

1. 관리 주체 찾기

사고가 난 지점의 관리 주체가 어디인지 먼저 파악을 해야 한다. 만약 고속도로면 도로공사일 테고 그 외 도로는 국가나 지자체, LH 등일 것이다.

2. 배상 신청

담당자에 배상을 신청한다. 만약 사고 난 시설에 대해 영조물 배상 공제 보험이 가입되어 있다면 보험회사를 연결해 줄 것이다.

3. 국가배상심의제도

만일 담당자가 배상을 거부하거나 심의를 받으라고 하면 관할 검찰청에 국가배상심의를 신청하고 결과를 기다려야 한다. 국가배상심의제도는 당사자가 제출하는 신청서 및 입증자료를 바탕으로 외부위원(판사, 변호사, 의사 등)이 참여하는 심의회에서 국가배상 책임 유무를 심의하여 책임이 인정될 경우 배상금을 지급하는 절차이다.

배상 신청의 원인이 된 사실로 인하여 보험사로부터 보험금을 수령 한 경우(예 : 자동차 보험)에는 그 금액 만큼에 대한 배상은 받을 수 없지만, 인보험은 제외로 보험금을 받았더라도 신청할 수 있다.

4. 소송

국가배상심의제도와는 별개로 국가나 지자체에 소송하는 방법도 있다. 반드시 국가배상심의 후에 해야 하는 것은 아니고 별개로 진행해도 되므로 필요하다면 소송을 통해 배상을 받는 방법도 있다.

"노조에서 북한에 쌀은
왜 보내야 하나?"

기성노조에 쌓인 불만 중 하나는 조합원들을 위한 활동 외에 외부 정치 활동에 몰두한다는 것이었다. 노동조합의 외부 활동 자체가 문제는 아니다. 나도 적절한 외부 활동이 노동조합의 발전을 위해서는 반드시 필요하다고 생각한다. 하지만 이게 노동조합의 역할인지 싶을 정도의 과한 외부 정치 활동에는 의문이 들었다.

기성노조에서는 특정 정치인에 대한 정치후원을 독려하거나 선거철이 되면 특정 정당 또는 후보에게 투표를 권유하는 활동을 진행하였다. 처음 이러한 내용의 메일을 받았을 때 나는 이해가 가지 않았다.

"노동조합과 저 정치인은 무슨 관계인가?", "저 정치인에 대한 후원이나 투표가 우리 원이나 노동조합에 무슨 이익이 되나?"라고 의문을 가지는 정도였다.

억지로 짜내어 생각해 보면 그 정치인을 통해 우리 회사나 노동조합이 간접적으로 발전할 수도 있는 일이었다. 그런데 아무리 긍정적으로 생각해봐도 이해가 가지 않는 활동도 있었다. 바로 북한에 쌀 보내기 운동이었다.

정부에서 혹은 어떤 단체가 북한에 대해 지원을 해야 하냐 마냐 하는 문제가 아니다. 왜 내가 가입한 노동조합에서 북한에 쌀 보내기 운동을 해야 한다는 말인가?

"우리 회사가 북한에서 비즈니스를 하는가?"
"우리 회사 직원 중에 북한 사람이 있는가?"
"우리 회사 오너가 북한 출신인가?"
"우리 회사가 쌀을 파는 회사인가?"

나의 상상력으로는 도무지 이해가 가지 않았다.

민주노총의 주한미군 철수나 한미연합훈련 반대에 관한 주장도 그렇다.

"주한미군이 철수하면 우리 회사에 무슨 이익이 있는가?"

"한미연합훈련이 우리 회사에 무슨 피해가 되는가?"

"한미연합훈련 중 헬기가 회사 근처에 날아 소음 때문에 업무에 방해가 되는가?"

이 문제 역시 아무리 상상해봐도 이해가 가지 않았다.

주한미군 철수나 한미연합훈련 반대는 러시아의 우크라이나 침공을 보며 개인적으로도 동의하지 않는 내용이지만 이러한 주장들을 과연 노동조합에서 할 필요가 있는 것인지 되묻고 싶다.

더군다나 민주노총에서는 한미연합훈련에 대해 코로나 확산 우려 때문에 반대한다고 했다가 본인들은 코로나 시국에 방역 지침을 어기고 대규모 집회를 개최하는 모순된 모습을 보여주었다. 이런 일을 두고 전문 용어로 '내로남불'이라고 한다.
※ 내로남불 : 내가 하면 로맨스, 남이 하면 불륜

물론 내가 노동운동에 대한 지식이 부족해서 일수도 있지만 지금 다시 생각을 해봐도 도무지 이해가 가지 않는 주장들이다.

대표적인 몇 가지 사례를 적었지만, 그 외에도 기성노조의 여러 가지 외부 정치적 활동에 대한 불만이 생겼다. 이러한 이해할 수 없는 활동들이 만약 내부 조합원에 대한 일들을 완벽하게 처리한 뒤 진행되는 플러스알파였다면 기성노조에 불만이 생기지 않았을 수도 있다. 하지만 내가 볼 때 기성노조의 회사 내 활동은 그렇지 못하였다.

기성노조에 대한 불만은 계속 쌓여만 갔다.

"이게 공정이냐?
하후상박과 정규직화"

하후상박 언제까지?

우리 회사를 비롯한 공공기관 직원의 급여는 총액인건비로 관리된다. 총액인건비란 한 기관에 속한 전 직원의 총 인건비를 기재부에서 관리하는 것으로 기재부에서 매년 인건비 총액을 정해주면(거의 쥐꼬리만큼 인상) 회사 내부에서 노동조합과의 임금협상을 통해 직원들에 나누는 방식을 결정하고 그에 따라 직원 개인의 연봉이 정해지는 방식이다(기재부 외 개별 사업에서 나가는 비용도 있지만 간단한 설명을 위해 생략한다).

기성노조에서는 수년째 하후상박(下厚上薄)식 연봉 인상을 회사에 요구하고 있는데, 하후상박식 연봉 인상이란 낮은 직급 직원들의 인상률을 높게, 높은 직급 직원들의 인상률은 낮게 지급하는 것이다.

하후상박식 연봉 인상의 구체적인 방식을 설명하자면 일반적인 기업에서는 전 직원 연봉 일괄 5% 인상과 같은 식으로 정률 인상을 한다면, 하후상박은 전 직원 연봉 일괄 500만 원 인상과 같은 식의 정액 인상을 위주로 한다. 만약 정액의 금액을 인상하게 되면 연봉이 많은 사람은 인상률이 낮을 것이고, 연봉이 적은 사람의 인상률은 높아지게 될 것이다.

아주 예전에는 하후상박식 연봉 인상이 필요하다고 나도 동의하는 바였다. 우리 회사의 초봉이 다른 곳보다 낮았기 때문이다. 우수한 신입사원을 뽑기 위해서라도 초봉을 높일 필요가 있었다.

그러나 하후상박식 연봉 인상이 계속되며 부작용이 생겨났다. 저연차와 고연차 직원 간의 연봉 차이가 크지 않게 된 것이다. 일반적으로 인간은 지금 보다 미래의 희망을 보며 오늘을 사는 법이다. 만일 내가 내일 아침에 죽는다면 지금 아무리 많은 돈이 있어도 과연 행복하겠는가? 열심히 회사 생활을 하다 보면 앞으로 연봉이 인상될 거라는 기대감도 있어야 하는데 그렇지 못한 상황이 되어버렸다.

그렇지 않아도 높은 이직률로 정보보호 업계의 인력 공급소라고 불리는 우리 회사는 하후상박이 계속된다면 '신입으로 들어와 이직하기 좋은 회사'가 될 것이고 결국 회사의 경쟁력은 약화될 것이다.

정규직화 공정한가?

문재인 정부에서는 공공기관에서 상시, 지속적인 일을 하고 있는 비정규직의 정규직화를 추진하였다.

다른 회사들처럼 버티고 버티다 자회사를 만들어 정규직으로 채용하는 방법을 고민할 수도 있었다. 그러나 우리 회사와 기성노조는 기다렸다는 듯 외주 업체 직원들을 정규직으로 전환해 주었다.

그런데 알고 보면 비정규직이 아닌 외부 기업의 정규직을 우리 회사의 정규직으로 전환해준 경우도 있었다. 이게 무슨 비정규직의 정규직화인가!!

또한, 공공기관에서 정규직을 채용한다면 공개채용을 해야지 왜 지금 일하고 있다는 이유 하나만으로 그분들을 정규직으로 전환해 주어야 하나? 예전에 일했던 사람은 그저 운이 없었을 뿐이라며 웃어넘겨야 할까? 이런 식의 불공정한 전환은 공공기관 취업을 희망하는 취업 준비생의 기회를 박탈하는 것 아닌가?

결국, 외주 업체 직원들은 공무직이라는 신분의 정규직으로 전환되었다. 전환 이후 기성노조는 정규직인 공무직 직원들의 처우 개선을 위해 열심히 노력하고 있다. 일부 공무직 직원은 기존 급여를 보전받아 매우 높은 급여를 받는 분도 있다고 하나 대부분의 공무직 직원들은 그렇지 않을 것이다.

나도 일부 높은 급여를 받는 분은 제외하고 일반 공무직 직원들의 처우 개선에는 100% 동의를 한다. 그러나 앞에서 설명했듯 공공기관은 총액인건비로 모든 직원의 인건비가 함께 관리된다. 누군가 많이 가져가면 누군가는 손해를 봐야 한다는 구조인데, 공무직 직원들의 처우를 개선하면 다른 일반직 직원들의 처우는 나빠지는 것이다(그리고 무엇보다 다른 일반직 직원들의 급여도 절대 높은 수준이 아니다).

공무직 직원들의 처우 개선에는 별도 예산을 확보하는 방법을 찾아야 할 것이고, 최소한 다른 직원들에 피해가 가지 않는다는 원칙이 있어야 할 것이다.

내가 볼 때 기성노조는 노동조합 자체가 기득권화되어버렸다. 그래서 조합원을 생각하기보다는 자신의 조직 자체를 위해 조합원 수를 늘리는 선택을 했다고 생각된다.

진짜 조합원을 위한 노동조합이 절실했다.

공공기관에서는 시키는 대로 정규직화를 했을 뿐인데 정권이 바뀌자 과도하게 비대해졌다며 뚜드려 맞을 위기에 처했다.

추경호 부총리 겸 기재부 장관은 '공공기관 파티는 끝났다'라고 발언했다고 하는데 과연 공공기관이 언제 파티를 했는지 되묻고 싶다.

혹시 나만 빼고 했나?

"성과연봉제 인센티브 반납"

박근혜 정부 시절, 공공기관에 시간이 지나면 지날수록 올라가는 연공서열식 임금체계와는 달리 능력에 따라 급여를 결정한다는 '성과연봉제' 도입을 추진하였다.

성과연봉제 도입에 나는 분명히 반대인 입장이었다. 능력에 따라 급여를 결정한다는 말은 좋으나 개인의 능력을 누가 어떻게 평가할 수 있단 말인가? 성과연봉제를 떠나 현재도 우리 회사에서는 매년 개인 평가를 진행하고 있는데 나는 입사 이래 단 한 번도 그 평가가 공정하다고 느낀 적이 없다.

또한, 성과연봉제로 공공성이 필요한 공공기관에 경쟁을 도입한다는 것은 구성원들이 단기간의 성과만을 추구하게 되어 결국 장기적으로는 국민에게 그 피해가 돌아갈 것이다.

성과연봉제를 도입하게 되면 공공기관 때리기로 잠깐의 인기를 얻을 수 있는 정치인을 제외하고는 공공기관부터 그 직원들과 국민에까지 손해가 발생할 것은 불 보듯 뻔한 상황이었다.

근로기준법 제94조에 따르면 취업규칙을 근로자에게 불리하게 변경하는 경우 과반수로 조직된 노동조합에 동의를 받아야 했지만, 박근혜 정부는 사회 통념상 합리적이라는 이유로 이사회 의결만으로 성과연봉제 도입을 밀어붙였다(나중에 소송을 당해 패소하기도 했다).

우리 회사도 이사회 의결을 통해 성과연봉제가 기습적으로 도입이 되었다.

제94조(규칙의 작성, 변경 절차) ① 사용자는 취업규칙의 작성 또는 변경에 관하여 해당 사업 또는 사업장에 근로자의 과반수로 조직된 노동조합이 있는 경우에는 그 노동조합, 근로자의 과반수로 조직된 노동조합이 없는 경우에는 근로자의 과반수의 의견을 들어야 한다. 다만, 취업규칙을 근로자에게 불리하게 변경하는 경우에는 그 동의를 받아야 한다.

– 근로기준법

도입하는 절차도 문제의 소지가 있었지만, 아무튼 성과연봉제는 도입이 되었다. 그리고 그에 따라 조그맣고 귀여운 성과연봉제 도입 인센티브를 받게 되었다.

[2016년 겨울, 박근혜 대통령 탄핵 시위에서]

기성노조에 불만이 쌓이다

그 후 갑작스럽게 박근혜 대통령은 탄핵 되었다.

급하게 정권이 바뀐 후 어느 날 갑자기 성과연봉제를 폐기한다는 소식이 들려왔다. 그리고는 성과연봉제 도입으로 받은 인센티브를 반납할 것이라는 소문이 돌았다.

경험상 보통 회사에서 소문이 돌면 사실이 되더라. 소문이 돌고 정말로 얼마 지나지 않아 성과연봉제를 반납하라고 공지가 내려왔다. 그런데 돈을 준 회사 쪽이 아니라 기성노조에서 반납하라고 하는 것이었다.

성과연봉제 도입 인센티브를 반납할 때 직원들의 급여에서 인센티브만큼의 금액을 강제로 공제했다면 이렇게 시끄럽지는 않았을 것이다. 그러나 회사 측이나 기성노조나 머리를 싸매봐도 직원들에게 인센티브를 반납시킬 근거는 없었다. 기재부에서도 반납할 근거가 없다고 하였으니 직원들의 급여에서 인센티브 금액만큼을 공제하는 방식의 자동 반납은 불가능했다.

그러자 기성노조에서는 인센티브만큼의 금액을 자발적으로 반납하라고 요구하였다.

그런데 생각해 보면 억지로 받은 성과연봉제 도입 인센티브를 그냥 반납하게 되면 '호구' 아닌가?

내가 원치 않았던 제도지만 짧은 기간 아무튼 도입되었다. 그에 따른 도입 인센티브를 받은 것인데 그냥 반납하면 '호구'가 아닌가 하는 의문이 들었다. 비유해 보자면 학교 일진이 개똥을 입에 넣으면 만 원을 준다 했다고 가정해 보자. 나는 원치 않았지만, 협박에 못 이겨 개똥은 내 입으로 들어갔고 결국 만 원을 받았다. 그런데 나중에 개똥을 뱉었다고 스스로 일진에게 만 원을 갖다 바칠 것인가? 입에 넣는다는 조건은 이미 충족한 것이다.

이런 식으로 '호구'처럼 행동한다면 회사는 직원들을 우습게 보고 다음에 또 어떤 나쁜 제도를 강제로 도입할 수도 있다. 그때도 도입 인센티브를 받았다가 나중에 제도가 바뀌었다고 반납하라고 하면 자발적으로 반납을 할 텐가?

기성노조에서는 한전의 경우를 예로 들며 "한전은 인센티브 금액이 얼마나 큰데 다들 반납하고 있다."라며 조합원들에게 반납을 독려하였으나, 결국 한전 직원들은 인센티브를 반납하지 않았다. 한전 직원들은 성과연봉제 도입 인센티브 중 일부만을 기부금 형식으로 반환하였다.

기성노조에서는 끝까지 인센티브 반납을 하지 않고 버티는 나에게 동기들이나 친한 직원들을 동원하여 반납하라 압박하였고, 일부 과격한 사람들에게서 "패버리겠다."라는 등의 협박도 듣게 되었다.

결국, 나를 제외하고 회사의 전 직원이 성과연봉제 도입 인센티브를 반납하였고 나는 기성노조로부터 무기한 징계를 받게 되었다.

한편으로는 본인은 어쩔 수 없이 인센티브를 반납했지만, 반납에 반대하는 직원들의 수많은 응원을 받았다.

4. 기성노조
탈퇴를 결심하다

"탈퇴하면 회사에서 짤린다고?"

[노동조합의 숍 제도]

"탈퇴해도 조합비를 내라고?"

"탈퇴하면 회사에서 짤린다고?"

성과연봉제 도입 인센티브 반납 사건으로 나는 기성노조로부터 무기한 징계를 받았다. 징계의 내용은 조합원으로서 권리가 정지되는 것인데 내 성격상 조합비만 내면서 영원히 '호구'로 지낼 수는 없는 노릇이었다.

나는 기성노조를 탈퇴하기로 마음을 먹었다.

노동조합을 탈퇴하려면 탈퇴서만 제출하면 되는 것 아닌가 생각했지만, 우리 회사에는 유니온숍 제도가 도입되어 있었다. 유니온숍 제도란 특정노동조합에 가입을 강제하고 탈퇴할 때는 해고가 가능한 제도이다. 한마디로 그냥 노동조합을 탈퇴했다가는 회사에서 해고를 당할 수도 있는 것이다.

그럼에도 나는 애타게 기성노조를 탈퇴하고 싶었다. 그래서 유니온숍 제도를 잘 살펴보니 해고의 예외 조항으로 다른 노동조합에 가입하거나 설립하는 경우가 있는 것 아닌가?

결국, 나는 노조 탈퇴를 위해 노조를 만들기로 결심했다.

제81조(부당노동행위) ① 사용자는 다음 각호의 어느 하나에 해당하는 행위(이하 "不當勞動行爲"라 한다)를 할 수 없다.

1. 근로자가 노동조합에 가입 또는 가입하려고 하였거나 노동조합을 조직하려고 하였거나 기타 노동조합의 업무를 위한 정당한 행위를 한 것을 이유로 그 근로자를 해고하거나 그 근로자에게 불이익을 주는 행위

2. 근로자가 어느 노동조합에 가입하지 아니할 것 또는 탈퇴할 것을 고용조건으로 하거나 특정한 노동조합의 조합원이 될 것을 고용조건으로 하는 행위. 다만, 노동조합이 당해 사업장에 종사하는 근로자의 3분의 2 이상을 대표하고 있을 때에는 근로자가 그 노동조합의 조합원이 될 것을 고용조건으로 하는 단체협약의 체결은 예외로 하며, 이 경우 사용자는 근로자가 그 노동조합에서 제명된 것 또는 그 노동조합을 탈퇴하여 새로 노동조합을 조직하거나 다른 노동조합에 가입한 것을 이유로 근로자에게 신분상 불이익한 행위를 할 수 없다.

- 노동조합 및 노동관계조정법

[노동조합의 숍 제도]

1. 오픈 숍(Open Shop)

사용자가 조합원 또는 비조합원의 여부에 상관없이 아무나 채용할 수 있으며, 근로자 또한 노동조합에 대한 가입이나 탈퇴가 자유로운 제도이다. 즉, 근로자의 고용에 대하여 사용자는 조합으로부터 구속을 받지 않으므로 조합원이나 비조합원 모두 고용할 수 있으며, 고용된 근로자는 노동조합에 가입하든 하지 않든 무방하여 조합가입이 고용조건이 아닌 제도를 말한다.

2. 클로즈드 숍(Closed Shop)

사용자가 특정노동조합 조합원만을 종업원으로 채용하도록 의무화한 것으로 "종업원은 조합원 중에서 채용한다. 또 종업원은 조합원이어야 한다"는 제도이다. 이 제도는 결원보충이나 신규 채용에 있어서 사용자는 조합원 중에서만 고용하는 것으로 조합가입이 고용의 전제조건이 되는 강력한 제도이다. 노동자가 조합을 탈퇴하거나 제명되면 사용자는 그 노동자를 해고해야 한다.

3. 유니온 숍(Union Shop)

유니온숍이라 함은 노동조합이 사용자와의 단체협약으로 근로자가 고용되면 일정 기간 내에 노동조합에 가입하여 조합원자격을 가져야 하고 노동조합에 가입하지 않거나 탈퇴 또는 제명된 경우에는 해고하도록 정한 조직 강제 방법을 말한다. 이 제도는 단체협약을 통해 종업원인 미가입 근로자에게 조합가입을 강제하며, 또한 노동조합의 탈퇴·제명으로 조합원자격을 상실한 자에 대하여 사용자에게 해고의무를 지움으로써 조직강화를 기하려는 데 그 취지가 있다.

4. 에이전시 숍(Agency Shop)

종업원들 중에서 조합가입의 의사가 없는 자에게는 조합가입이 강제되지 아니하나 조합가입에 대신하여 조합비를 조합에 납입하여야 하는 제도이다. 대리기관 숍제도라고도 하며, 이는 조합원이 아니더라도 모든 종업원에게 단체교섭의 당사자인 노동조합이 조합회비를 징수하는 제도이다. 이 제도는 미국에서 발달하고 있는 제도로서, 노동조합에의 가입 여부는 근로자의 자유이지만 비노동조합원인 근로자도 조합원이 부담하는 조합비와 동액의 금액을 노동조합에 납부하지 않으면, 노동조합은 사용자에게 그 근로자의 해고를 요구할 수 있다.

5. 프리퍼렌셜 숍(Preferential Shop)

노동조합의 가입과 관련된 숍제도의 일종으로 채용에 있어 노동조합원에게 우선순위를 부여하는 형태를 의미한다.

6. 메인테넌스 숍(Maintenance Shop)

조합원이 되면 일정 기간 조합원으로서의 자격을 유지해야 한다는 제도이다. 조합원의 메인티넌스(maintenance of membership shop)라고도 하는데, 이는 고용의 조건으로 일정 기간 조합원으로 머무르게 하거나 교섭 중에 조합원이었던 구성원을 조합원으로 머물게 할 수 있도록 하는 단체교섭의 조건으로 이용되기도 한다.

※ 출처 : 실무노동용어사전, HRD용어사전

"탈퇴해도 조합비를 내라고?"

　노동조합 설립을 마음먹고 기성노조에 탈퇴서를 제출하였다. 그런데 기성노조에서는 탈퇴서를 내는 즉시 탈퇴 처리를 하지 않고 자체 규약을 통해 탈퇴 승인을 받도록 하고 있었다. 결국, 나는 기성노조에 탈퇴서를 제출했음에도 급여에서 조합비가 계속 공제될 상황이 되었다.

　그런데 노동조합법 제5조에 따르면 근로자는 자유로이 노동조합을 조직하거나 이에 가입할 수 있으므로 노동조합은 근로자의 자발적 의사에 기초한 단체로서 노동조합에 자유롭게 가입하거나 탈퇴를 할 수 있다. 따라서 탈퇴 의사를 표시하여 해당 노동조합에 도달한 시점부터 탈퇴의 효력이 발생한다.

만약 해당 노동조합의 규약에 탈퇴 승인을 받아야 한다는 규정이 있더라도 해당 규정은 무효이며, 승인을 받지 않은 탈퇴도 유효하다는 판례도 찾아냈다. (중노위 중앙2018교섭24, 2018.05.10.)

그래서 나는 탈퇴를 했음에도 조합비를 내게 생긴 상황을 정리하고, 판례와 함께 "조합비 공제 이전에 탈퇴한 조합원이 조합비 공제 중단을 요청하여 사용자가 중단하더라도 부당노동행위에 해당하거나 단체협약에 위반한다고 보기는 어렵다."라는 고용노동부의 회신문을 첨부하여 회사 측에 조합비 공제 중단을 요청하였다.

회사에서는 한 번에 깔끔하게는 아니지만 결국 조합비 공제를 중단해 주었고 기성노조에 탈퇴한 채로 조합비를 내는 안타까운 상황은 오지 않았다. 항상 느끼지만, 회사는 개미 같은 나의 작은 목소리는 한 번에 잘 들어주지 않는다. 다행히 이번에는 나의 요청을 들어주었지만, 만약 회사에서 조합비 공제 중단을 해주지 않았다면 나는 소송을 통해서라도 그 금액을 돌려받았을 것이다.

위법한 규약에 대한 시정 요청

다른 한편으로는 노동조합법 제21조에 근거하여 기성노조의 위법한 규약에 대해 노동청에 시정을 명해 줄 것을 요청하였다.

노동청에서 연락을 받은 기성노조에서는 탈퇴서 제출 후 탈퇴를 승인해주는 기간만 규약에 추가하는 꼼수를 부렸다. 문제의 핵심인 탈퇴 시 승인을 받도록 하는 위법한 내용은 규약 내에 계속 유지하였다.

어쩔 수 없이 나는 노동청에 재차 문제를 제기하였고, 결국 기성노조는 위법한 규약의 시정명령을 받게 되었다. 기성노조에서는 벌금을 받게 될 위기에 처하자 탈퇴서를 제출하면 즉시 탈퇴가 되는 것으로 잽싸게 규약을 변경하였다.

제21조(규약 및 결의처분의 시정) ①행정관청은 노동조합의 규약이 노동관계법령에 위반한 경우에는 노동위원회의 의결을 얻어 그 시정을 명할 수 있다.

②행정관청은 노동조합의 결의 또는 처분이 노동관계법령 또는 규약에 위반된다고 인정할 경우에는 노동위원회의 의결을 얻어 그 시정을 명할 수 있다. 다만, 규약위반 시의 시정명령은 이해관계인의 신청이 있는 경우에 한한다.

③제1항 또는 제2항의 규정에 의하여 시정명령을 받은 노동조합은 30일 이내에 이를 이행하여야 한다. 다만, 정당한 사유가 있는 경우에는 그 기간을 연장할 수 있다.

제93조(벌칙) 다음 각호의 1에 해당하는 자는 500만 원 이하의 벌금에 처한다.

1. 제7조 제3항의 규정에 위반한 자
2. 제21조 제1항·제2항 또는 제31조 제3항의 규정에 의한 명령에 위반한 자

– 노동조합 및 노동관계조정법

5. 노동조합을 만들다!

"나는 이렇게 노동조합을 만들었다"

[KISA영원노동조합 소개]

"조합비 없이 운영이 될까?"

"나는 이렇게
노동조합을 만들었다"

　노동조합을 설립하는 절차는 굉장히 까다로운 줄 알았다. 내가 막연히 상상한 노동조합을 설립하는 장면은 변호사나 노무사 등의 전문가들이 참여하여 많고 두꺼운 서류를 작성하고, 많은 사람이 모여 비장한 표정으로 구호를 외치는 모습이었다.

　그러나 실제로 알아본 노동조합을 설립하는 절차는 굉장히 간단했다. 먼저 두 명 이상이 모여 노동조합의 이름을 정하고 그 노동조합의 규약을 만든다. 그 후 설립 총회를 한 후 회의록과 서명부를 만든다. 마지막으로 설립신고서를 작성하여 필요한 서류와 함께 행정관청에 신고하면 되는 것이었다.

노동조합의 설립 신고는 어디에 해야 할까?

우리 노동조합은 2개 이상의 지역에 조합원이 있어 노동청에 설립 신고를 하였다. 아래 내용을 참고하여 자신의 노동조합의 조건에 맞는 곳에 설립 신고를 하자.

제10조(설립의 신고) ①노동조합을 설립하고자 하는 자는 다음 각호의 사항을 기재한 신고서에 제11조의 규정에 의한 규약을 첨부하여 연합단체인 노동조합과 2 이상의 특별시·광역시·특별자치시·도·특별자치도에 걸치는 단위노동조합은 고용노동부장관에게, 2 이상의 시·군·구(자치구를 말한다)에 걸치는 단위노동조합은 특별시장·광역시장·도지사에게, 그 외의 노동조합은 특별자치시장·특별자치도지사·시장·군수·구청장(자치구의 구청장을 말한다. 이하 제12조 제1항에서 같다)에게 제출하여야 한다.

1. 명칭
2. 주된 사무소의 소재지
3. 조합원수
4. 임원의 성명과 주소
5. 소속된 연합단체가 있는 경우에는 그 명칭
6. 연합단체인 노동조합에 있어서는 그 구성노동단체의 명칭, 조합원수, 주된 사무소의 소재지 및 임원의 성명·주소
②제1항의 규정에 의한 연합단체인 노동조합은 동종산업의 단위노동조합을 구성원으로 하는 산업별 연합단체와 산업별 연합단체 또는 전국규모의 산업별 단위노동조합을 구성원으로 하는 총연합단체를 말한다.

― 노동조합 및 노동관계조정법

쉬워 보였는데 쉽지 않았다.

노동조합을 설립하는 절차는 간단해 보였지만 그 첫 번째 요건인 두 명 이상이 모이는 것부터 생각보다 쉽지 않았다. 회사 내 기성노조에 불만이 있었던 사람들은 많았으나 막상 내가 노동조합을 만든다고 함께 하자 하니 다들 참여를 꺼리는 것이 아닌가?

결국, 부탁에 부탁을 하여 동기 몇 명이 노동조합 설립에 참여하기로 했다. "나라 사랑, 동기 사랑!"이라는 말은 진실이었다. 또한, 막상 노동조합을 만든다는 소문이 나자 자발적으로 가입하겠다는 분도 나타났다.

이때부터는 노동조합 설립에 속도가 붙기 시작했다.

노동조합의 이름도 심사숙고하여 정했다. 우리가 그만큼의 가치를 못하는 기성노조의 조합비에 불만이 있었던 만큼 우리의 노동조합은 조합비가 없고 영원히 초심을 잃지 않겠다는 마음을 담아 'KISA영원노동조합'으로 이름을 정했다.

다음으로는 노동조합의 규약을 만들어야 했다. 인터넷을 참고하고 나의 생각을 담아 규약을 만들었는데 기성노조에서 실망했던 부분을 수정하고, 현실적으로 소수노조가 활동할 수 있는 방향으로 규약을 정했다. 다행히 규약을 만드는 일은 나의 성격에 잘 맞았다.

다음으로는 설립 총회를 진행했다. 사전에 회의록과 서명부 양식을 구해서 만들었고, 설립 총회 진행 내용에 맞게 수정해 서류들을 완성했다.

이제 설립 절차의 마지막 단계가 남았다. 노동조합 설립신고서를 작성하고 필요한 서류들을 준비하여 광주지방고용노동청에 설립 신고를 하였다.

두근거리는 마음으로 며칠간의 시간을 기다린 끝에 '노동조합 설립 신고증'을 받을 수 있었다. 이제 공식적인 노동조합이 된 것이다!

설립 이후 때마침 불어온 공정 열풍으로 MZ세대의 노동조합 설립 붐이 일었다. 나는 조금 일찍 설립했다는 이유로 공공기관 최초 MZ세대 노동조합 위원장이 되었다.

고용이 안정된 공공기관임에도 노동조합을 만들기가 이렇게 힘들었는데, 일반 기업에서 노동조합을 설립하는 분들은 정말 대단하신 분들이었다. 뒤늦게 존경스러운 마음이 들었다.

[노동조합 설립을 준비하며 참고한 서류 양식. 인터넷에는 없는 게 없었다.]

[KISA영원노동조합 소개]

이름 : KISA영원노동조합 (약어 : 영원노조)

뜻 :   (영 Young) 젊은 노조, (원 One) 조합원 하나만을
위한 노조
※ 조합비가 0원이라는 중의적인 뜻도 있다.

설립일 :   2020년 1월 19일
※ 의도한 바는 아니지만 노동조합계의 119가
되라는 뜻은 아닐까?

상급 단체 :   없음

조합비 :   0원

설립 취지 :   노동조합의 필요성은 인정하나 기성노조의 문화에
공감하지 못하는 직원들이 모여 설립

"조합비 없이 운영이 될까?"

　앞에서 밝혔듯 내가 만든 영원노조는 조합비가 없다. 그러나 우리 노조에서 조합비를 받지 않는 행위가 다른 노동조합에서 조합비를 받는 것이 잘못되었다고 주장하고 싶은 것은 아니다.

　어떤 사람들은 조합비가 없이 노동조합을 어떻게 운영할 수 있는지 궁금해하곤 했다. 나 또한 설명하고 싶은 부분이어서 이 내용에 관한 이야기를 적어보려 한다.

　일을 하기 위해서는 '시간'과 '돈'이 필요하다.

상식적으로 생각해 보자. 어떤 일을 하기 위해서는 당연히도 '시간'과 '돈'이 필요하다. 그런데 지금 우리 노조에는 회사 업무는 하지 않고 노동조합 일만 하는 '근로시간 면제자'가 없는 상황이다. 사용할 '시간'이 없어서 '돈'을 받을 수 없는 것이다.

다행히도 아직은 노조의 규모가 작기 때문에 나 혼자 틈을 내어 운영하고 있다. 그러나 언젠가 우리 노조의 규모가 근로시간 면제자가 생길 정도로 커진다면 조합비를 받을 수밖에 없을 것이다.

제24조(근로시간 면제 등) ① 근로자는 단체협약으로 정하거나 사용자의 동의가 있는 경우에는 사용자 또는 노동조합으로부터 급여를 지급받으면서 근로계약 소정의 근로를 제공하지 아니하고 노동조합의 업무에 종사할 수 있다.

② 제1항에 따라 사용자로부터 급여를 지급받는 근로자(이하 "근로시간 면제자"라 한다)는 사업 또는 사업장별로 종사 근로자인 조합원 수 등을 고려하여 제24조의2에 따라 결정된 근로시간 면제 한도(이하 "근로시간 면제 한도"라 한다)를 초과하지 아니하는 범위에서 임금의 손실 없이 사용자와의 협의 · 교섭, 고충 처리, 산업 안전 활동 등 이 법 또는 다른 법률에서 정하는 업무와 건전한 노사관계 발전을 위한 노동조합의 유지 · 관리업무를 할 수 있다.

③ 사용자는 제1항에 따라 노동조합의 업무에 종사하는 근로자의 정당한 노동조합 활동을 제한해서는 아니 된다.

④ 제2항을 위반하여 근로시간 면제 한도를 초과하는 내용을 정한 단체

협약 또는 사용자의 동의는 그 부분에 한정하여 무효로 한다.

- 노동조합 및 노동관계조정법

조합비는 결국 받을 수밖에 없다.

또한, 결국에 조합비를 받아야 하는 이유가 또 있다. 복수노조 환경에서 단체협약을 위한 교섭창구 단일화 절차를 진행할 때 조합원의 수로 교섭 대표 노동조합을 정한다(노동조합은 머릿수가 깡패다). 이 경우 여러 노동조합에 중복으로 가입한 조합원은 조합비를 내는 쪽의 조합원으로 계산을 하게 되어 있다.

우리 노조도 언젠가 다른 노동조합의 규모와 비교할만한 수준이 된다면 조합비를 받아야만 한다는 소리다.

제14조의7(과반수 노동조합의 교섭대표노동조합 확정 등) ① 법 제29조의2 제3항 및 이 영 제14조의6에 따른 교섭대표노동조합이 결정되지 못한 경우에는 법 제29조의2 제3항에 따른 교섭창구 단일화 절차(이하 "교섭창구단일화절차"라 한다)에 참여한 모든 노동조합의 전체 종사근로자인 조합원 과반수로 조직된 노동조합(둘 이상의 노동조합이 위임 또는 연합 등의 방법으로 교섭창구단일화절차에 참여하는 노동조합 전체 종사근로자인 조합원의 과반수가 되는 경우를 포함한다. 이하 "과반수 노동조합"이라 한다)은 제14조의6 제1항에 따른 기한이 끝난 날부터 5일 이내에 사용자에게 노동조합의 명칭, 대표자 및 과반수노동조합이라는 사실 등을 통지해야 한다.

② 사용자가 제1항에 따라 과반수노동조합임을 통지받은 때에는 그 통지를 받은 날부터 5일간 그 내용을 공고하여 다른 노동조합과 근로자가 알 수 있도록 해야 한다.

③ 다음 각호의 사유로 이의를 제기하려는 노동조합은 제2항에 따른 공고 기간 내에 고용노동부령으로 정하는 바에 따라 노동위원회에 이의신청을 해야 한다.

1. 사용자가 제2항에 따른 공고를 하지 않은 경우

2. 공고된 과반수노동조합에 대하여 그 과반수 여부에 이의가 있는 경우

④ 노동조합이 제2항에 따른 공고 기간 내에 이의신청을 하지 않은 경우에는 같은 항에 따라 공고된 과반수노동조합이 교섭대표노동조합으로 확정된다.

⑤ 노동위원회는 제3항에 따른 이의신청을 받은 때에는 교섭창구단일화 절차에 참여한 모든 노동조합과 사용자에게 통지하고, 조합원 명부(종사근로자인 조합원의 서명 또는 날인이 있는 것으로 한정한다) 등 고용노

동부령으로 정하는 서류를 제출하게 하거나 출석하게 하는 등의 방법으로 종사근로자인 조합원 수에 대하여 조사 · 확인해야 한다.

⑥ 제5항에 따라 종사근로자인 조합원 수를 확인하는 경우의 기준일은 제14조의5 제1항에 따라 교섭을 요구한 노동조합의 명칭 등을 공고한 날로 한다.

⑦ 노동위원회는 제5항에 따라 종사근로자인 조합원 수를 확인하는 경우 둘 이상의 노동조합에 가입한 종사근로자인 조합원에 대해서는 그 종사근로자인 조합원 1명 별로 다음 각 호의 구분에 따른 방법으로 종사근로자인 조합원 수를 산정한다.

1. 조합비를 납부하는 노동조합이 하나인 경우: 조합비를 납부하는 노동조합의 종사근로자인 조합원 수에 숫자 1을 더할 것

2. 조합비를 납부하는 노동조합이 둘 이상인 경우: 숫자 1을 조합비를 납부하는 노동조합의 수로 나눈 후에 그 산출된 숫자를 그 조합비를 납부하는 노동조합의 종사근로자인 조합원 수에 각각 더할 것

3. 조합비를 납부하는 노동조합이 하나도 없는 경우: 숫자 1을 종사근로자인 조합원이 가입한 노동조합의 수로 나눈 후에 그 산출된 숫자를 그 가입한 노동조합의 종사근로자인 조합원 수에 각각 더할 것

– 노동조합 및 노동관계조정법 시행령

6. KISA
영원노동조합의
활동들

"노조 사무실이 생기다"

"공공기관 개혁에 대한 기고"

"위법한 단체협약 내용에 대한 시정 요구"

[조합원 인터뷰]

"첫 단체협약의 쓴맛"

노동조합은 단체협약을 위해 존재한다고 해도 과언이 아니다. 우리 영원노조도 떨리는 가슴을 안고 단체협약을 위한 교섭에 처음으로 참여를 하였다.

매너 있는 기성노조에서는 명절 전날 기습적으로 회사 측에 교섭을 요구하였다. 회사 측에서 교섭 요구 사실을 공고하는 7일 중 대부분이 연휴였지만 우리도 언제나 교섭에 참여할 준비를 하고 있던 터라 무리 없이 교섭 참여를 할 수 있었다.

1. 교섭 요구(단체협약 만료 3개월 전부터)

2. 교섭 요구 사실 공고 (7일간)

3. 참여 노동조합 확정 공고 (5일간)

4. 교섭 대표 노동조합 결정

5. 교섭

– 일반적인 단체협약의 교섭 절차

교섭 대표 노동조합은 당연히도 기성노조가 되었다. 앞에서 적었듯 노동조합은 머릿수가 깡패인데 단체협약을 위한 교섭창구 단일화 때는 그 머릿수가 빛을 발하는 순간이다. 결승점에 다다른 마라톤 선수처럼 노동조합은 그 순간을 위해 열심히 조합원을 모집하는 것이다.

아무렴 어쩌랴. 예상했던 결과였다.

그래도 우리 노조에서는 우리 조합원뿐 아니라 우리 회사를 위해 정성껏 단체협약 요구안을 준비하였고 이를 위한 총회까지 개최하였다. 그 후 기성노조에 우리의 요구안을 전달하였고 교섭 결과만을 기다리게 되었다.

결과는 처참했다.

우리의 단체협약 요구안은 하나도 반영이 되지 않았다. 심지어 아무런 비용이 들어가지 않으며, 현재의 법률에 맞게 단체협약을 개정해 달라는 내용조차도 들어가지 않았다. 반면 기성노조에서 주장한 내용은 대부분 수용되었는데 심지어 위법한 내용까지도 수용되었다(이 내용은 뒤에 따로 기술하겠다).

어찌 보면 당연한 결과였다.

이번 단체협약으로 나는 소수노조의 힘 없는 현실을 다시 한번 깨닫게 되었고, 앞으로는 현실적인 방법을 추구해야겠다는 마음을 먹었다.

복수노조 환경에서 소수노조의 조합원들은 불이익을 받지 않을까 궁금해하는 사람이 많았다. 보통 교섭 단위를 분리하여 개별 교섭하는 경우는 드물기 때문에 한 개의 단체협약에 대해서만 생각해 보자.

우리 노조처럼 교섭에 참여하게 되면 당연히 단체협약의 적용을 받게 된다. 추가로 노동조합법 제35조에 따르면 근로자의 반수 이상이 단체협약의 적용을 받게 된 때에는 다른 근로자까지도 단체협약이 적용된다. 즉, 교섭에 참여한 노조들의 총 조합원 수가 전체 직원의 절반을 넘는다면 다른 비조합원에 대해서도 똑같이 단체협약이 적용되는 것이다.

제35조(일반적 구속력) 하나의 사업 또는 사업장에 상시 사용되는 동종의 근로자 반수 이상이 하나의 단체협약의 적용을 받게 된 때에는 당해 사업 또는 사업장에 사용되는 다른 동종의 근로자에 대하여도 당해 단체협약이 적용된다.

– 노동조합 및 노동관계조정법

"노조 사무실이 생기다"

노조의 존립과 발전에 필요한 일상적인 업무가 이루어지는 공간으로서 노조 사무실이 가지는 중요성을 고려하면, 사용자가 단체협약 등에 따라 <u>교섭대표노조에 상시적으로 사용할 수 있는 사무실을 제공한 이상 특별한 사정이 없는 한 교섭창구 단일화 절차에 참여한 다른 노조에도 반드시 일률적이거나 비례적이지는 않더라도 상시적으로 사용할 수 있는 일정한 공간을 노조 사무실로 제공해야 한다고 봄이 타당하다.</u>

– 대법원 2018. 8. 30. 선고 2017다218642 판결

대법원 판례에 따라 우리 노조는 교섭창구 단일화 절차에 참여한 이후 회사에 노동조합 사무실을 제공해 달라고 요구하였다.

예상한 대로 회사에서는 사무실을 당연히 준다고 할 리가 없었다.

회사 측에서는 처음 답변에서 단체협약에 'KISA영원노동조합에 사무실을 제공한다'라는 정확한 문구가 있어야 사무실을 줄수 있다고 했다. 그렇다면 기성노조 역시 노동조합 명이 정확히 기재된 사무실 제공 문구가 단체협약에 없기 때문에 현재 있는 사무실을 빼야 하는 것 아니냐고 회사 측에 항의했다.

그러자 회사에서는 현재 일반 사무 공간이 협소하니 건물 신축후에 사무실을 주겠다고 했다. 언뜻 보면 그럴듯한 답변 아닌가? 그러나 건물 신축은 당시 계획만 있었고, 계획대로 지어질 경우약 5년 정도 후에 완공될 예정이었다. 다음, 다음 단체협약 때도 사무실을 받을까 말까 하는 상황으로 사실상 거절한 셈이라고 봐야 한다. 이 답변을 하신 분은 그때까지 그 자리에 있을까? 헛웃음이 나왔다.

나는 아무래도 호구처럼 보이나 보다.

우리 노조에 사무실을 주지 않는 경우 회사는 공정대표의무를 위반한 것이고 손해배상책임까지 성립한다. 명확한 대법원 판례까지 있는 만큼 법적 다툼을 해봤자 우리 노조에 사무실을 줄 수밖에 없는 상황이었다. 그랬다면 회사는 생각보다 더 넓은 공간을 우리에게 제공하고 손해에 대해 배상까지 해야 할 수도 있었다(그리고 나는 법적 다툼을 좋아하는 듯하다 ;;;).

다행히도 사무실 문제는 외부로 나가지 않고 이 정도에서 마무리되었다. 작은 노조지만 항상 진정성 있게 대해 주시는 이원태 원장님이 흔쾌히 사무실을 제공해 준 것이다. 이 자리를 빌려 다시 한번 감사드린다.

제29조의4(공정대표의무 등) ① 교섭대표노동조합과 사용자는 교섭창구 단일화 절차에 참여한 노동조합 또는 그 조합원 간에 합리적 이유 없이 차별을 하여서는 아니 된다.

② 노동조합은 교섭대표노동조합과 사용자가 제1항을 위반하여 차별한 경우에는 그 행위가 있은 날(단체협약의 내용의 일부 또는 전부가 제1항에 위반되는 경우에는 단체협약 체결일을 말한다)부터 3개월 이내에 대통령령으로 정하는 방법과 절차에 따라 노동위원회에 그 시정을 요청할 수 있다.

③ 노동위원회는 제2항에 따른 신청에 대하여 합리적 이유 없이 차별하였다고 인정한 때에는 그 시정에 필요한 명령을 하여야 한다.

④ 제3항에 따른 노동위원회의 명령 또는 결정에 대한 불복절차 등에 관하여는 제85조 및 제86조를 준용한다.

– 노동조합 및 노동관계조정법

[소박한 KISA영원노동조합 사무실 모습. B급 감성으로 나무 현판을 만들어 봤다.]

"공공기관 개혁에 대한 기고"

정권이 바뀔 때마다 '공공기관 개혁'이라는 단어는 빠지지 않고 뉴스에 등장한다. 정권이 바뀌는 시기에 공공기관 개혁에 대한 나의 견해를 작성하여 언론에 기고하였다.

[기고]새 정부 공공기관 개혁은 경쟁력 제고에 방점 둬야

공공기관은 시장원리로만 평가할 수 없는 특수성 존재...혁신에 정치적 목적은 배제돼야

전문가 칼럼   입력 :2022/03/29 15:14   수정: 2022/03/30 09:17

김태양 KISA영원노동조합 위원장

최근 공정을 가장 큰 가치로 표방한 MZ(1980년대~2000년대) 세대 노동조합(노조)이 IT(정보기술), 제조업, 공공 등 여러 분야서 설립됐다.

MZ세대 노조들은 민노총과 한노총 같은 상급 단체에 소속돼 있지 않는다는 특징이 있다. 정치 성향을 지닌 기성 노조들과 다르다는 얘기다.

때마침 20대 대통령 선거가 끝나고 새로운 정부 출범을 앞두고 있다. 이 시점에서 공공기관 최초 MZ세대 노조인 KISA영원노동조합은 지향점을 고민하게 됐다.

우선, KISA영원노동조합 설립 배경부터 살펴보자. KISA영원노동조합은 아이러니하게도 노조를 탈퇴하기 위해 설립한 노조다.

한국인터넷진흥원(KISA)은 민노총 소속 거대 노조가 존재한다. 새 노조 위원장인 나 또한 이 거대 노조에 가입해 매달 조합비를 납부했다.

그런데 이 거대 노조는 조합원보다는 외부 정치적 활동에 집중하는 모습에 다른 생각을 가지게 됐다.

노조 고유의 방향성, 지향성에 대한 다른 견해들이 쌓이기 시작했다. 조합비를 계속 내야 하는지에 대한 가치 판단까지도 고민하게 됐다. 결국 기성 노조를 탈퇴하는 것이 내 견해와 철학에 부합하다는 결론에 다다랐다.

하지만 문제가 있었다. 특정 노조 가입을 강제하고 탈퇴하면 해고할 수 있는 유니온숍(Union Shop) 제도다. 해고의 예외 조항을 활용할 수밖에 없었다. 기성 노조를 탈퇴하고 2020년 1월 KISA영원노동조합을 설립한 배경이다.

[김태양 위원장]

MZ세대 노조위원장으로서 이번 대선을 바라보는 의미는 이렇다. 한 마디로 문재인 정부의 '공정'에 실망을 느낀 MZ세대 목소리가 반영된 결과가 아닐까.

문재인 정부는 취임초만 해도 '기회의 평등'을 얘기했고 MZ세대에서 많은 지지를 받았다. 결과론이긴 하지만 '기회의 평등'이 아닌 '결과의 평등'이었고 공정을 중요하게 생각하는 MZ세대에게 실망감을 준 것이라 생각한다.

MZ세대가 느낀 실망감은 공공기관의 경우 비정규직의 정규직화가 대표적이다. 이는 문재인 정부가 추진한 핵심 정책이었기에 더욱 그렇다.

비정규직이 아닌 기업의 정규직을 공공기관의 정규직으로 입사시키는 낙하산 사례도 있었다. 공공기관 내부 갈등은 물론 취업 준비생에게 허탈감을 남겨줬다.

채용도 문제가 있었다. 학력이나 학벌에 차별이 없는 블라인드 채용을 하라면서도 지역 대학교를 졸업한 지역인재 채용을 의무화 했다. 상호 모순의 극치였다.

개인적으로도 지역에서 초·중·고를 나왔고 서울에서 대학을 나왔다는 이유로 필자는

'지역인재'가 아닌 '서울둔재' 취급을 받았다. 달리보면 이 또한 역차별이 아닐까.
새 정부가 출범하면서 공공기관 개혁이 초미의 관심사다. 솔직히 얘기하면 공공기관
역시 경쟁력 확보를 위한 어느 정도 긴장감은 필요하다고 생각한다.

하지만 역대 정권은 공공기관의 경쟁력 확보를 위한 개혁보다 정치적 인기를 얻기
위해 추진해온 것이 사실이다.

역사는 반복된다고 했던가. 박근혜 정부의 '성과급제'와 문재인 정부의 '직무급제'에
이어 윤석열 당선인 또한 연공급 폐지를 들고 나온 것이다.
그러나 공공기관의 연봉 인상률은 물가 인상률 대비 턱없이 낮아 실질적으로 임금이
삭감되는 상황이다.

명심해야 할 것은 공공분야는 시장원리로만 평가할 수 없는 특수성이 존재한다는
점이다. 이런 부분을 고려해 공공기관 개혁이 정치적 목적의 '때리기'가 아닌
경쟁력을 높이는 방향으로 진행해야 한다.

윤석열 당선인은 노동이사제를 도입하겠다는 등 친노조 정책을 내놨다. 일반적으로
생각하는 노조란 무엇인가. 빨간띠를 두르고 파업하는 이미지가 기성 노조라면 이제
달라져야 한다.

세상이 바뀌고 MZ세대가 주류로 떠오르고 있다. 노조에서도 기성 노조와는 다른
젊은 목소리가 있음을 알아주기를 바란다. 새 정부는 부디 공정과 상식이 바로 서는
대한민국을 만들어 나가길 바란다.

*본 칼럼 내용은 본지 편집방향과 다를 수 있습니다.

"위법한 단체협약 내용에 대한 시정 요구"

2021년도 한국인터넷진흥원의 단체협약에는 기존에 조합원이 었다가 현재는 팀장급 이상 등이 되어 비조합원으로 전환된 인원들에 대해 '명예조합원'이란 명칭으로 의무금을 급여에서 일괄공제를 하도록 하는 문구가 들어 있다. (2021년도 한국인터넷 진흥원 단체협약 제15조 제2항)

제7조(조합원의 범위) ① 진흥원의 직원 중 신규 채용되는 직원은 입사한 날로부터 조합에 가입된 것으로 한다.

② 제1항에도 불구하고 다음 각 호에 해당 하는 자는 제외한다.

1. 팀장급 이상 보직자

2. 감사, 인사, 보수, 회계, 노무, 보안 담당자

3. 임원의 비서 및 운전기사

③ 진흥원은 조합에서 탈퇴한 자에 대하여 조합에서 통보 시 면직 조치한다. 단, 노동조합에서 제명된 경우 또는 새로 노동조합을 조직하거나 다른 노동조합에 가입한 경우에는 제외한다.

제15조(조합비의 공제인도) ① 진흥원은 조합원에게 매월 임금 지급 시 조합이 정하는 조합비를 일괄 공제하여 조합이 지정하는 금융계좌에 지급 당일 날 입금하며 확인서에 공제자 명단을 첨부하여 조합에 인도한다.

② 조합원이 본 협약의 제7조에 따라 조합원의 신분에서 제외되고 조합의 명예조합원으로 전환되는 경우 조합 결의에 의한 의무금을 납부할 수 있다. 단, 명예조합원은 조합원으로서 지위와 권리·의무 등을 갖지 아니한다.

– 2021년도 한국인터넷진흥원 단체협약

이는 기성노조의 요청으로 들어간 문구로 나는 한눈에 보기에도 무언가 이상함을 느꼈다. '명예조합원'은 '조합원'이라는 단어가 들어가지만, 현재 비조합원 신분이기 때문이다. 다음 내용을 살펴보자.

제29조(교섭 및 체결권한) ①노동조합의 대표자는 그 노동조합 또는 조합원을 위하여 사용자나 사용자단체와 교섭하고 단체협약을 체결할 권한을 가진다.

– 노동조합 및 노동관계조정법

제3조(적용범위) 이 협약은 진흥원과 조합 및 조합원에게 적용된다.

– 2021년도 한국인터넷진흥원 단체협약

노동조합법 제29조에서 단체협약은 노동조합 또는 조합원을 위해 단체협약을 체결하도록 되어 있어, 비조합원에 관한 내용을 명시한 것은 제삼자에 대한 권리, 의무 관계를 규정한 것으로 아무 효력이 없으며 명백한 위법 사항이다. 심지어 한국인터넷진흥원 단체협약 제3조에도 똑같은 내용을 적어놨다.

또한, 비조합원에게서 급여 일부를 일괄공제하는 것은 근로기준법 제43조의 임금 전액불 원칙 위반이며, 아무런 근거가 없기에 회사의 경비 원조로 해석되어 부당노동행위에 해당할 수도 있다.

제43조(임금 지급) ①임금은 통화(通貨)로 직접 근로자에게 그 전액을 지급하여야 한다. 다만, 법령 또는 단체협약에 특별한 규정이 있는 경우에는 임금의 일부를 공제하거나 통화 이외의 것으로 지급할 수 있다.

② 임금은 매월 1회 이상 일정한 날짜를 정하여 지급하여야 한다. 다만, 임시로 지급하는 임금, 수당, 그 밖에 이에 준하는 것 또는 대통령령으로 정하는 임금에 대하여는 그러하지 아니하다.

– 근로기준법

제81조(부당노동행위) ① 사용자는 다음 각호의 어느 하나에 해당하는 행위(이하 "不當勞動行爲"라 한다)를 할 수 없다.

4. 근로자가 노동조합을 조직 또는 운영하는 것을 지배하거나 이에 개입하는 행위와 근로시간 면제한도를 초과하여 급여를 지급하거나 노동조합의 운영비를 원조하는 행위. 다만, 근로자가 근로시간 중에 제24조 제2항에 따른 활동을 하는 것을 사용자가 허용함은 무방하며, 또한

근로자의 후생자금 또는 경제상의 불행 그 밖에 재해의 방지와 구제 등을
위한 기금의 기부와 최소한의 규모의 노동조합사무소의 제공 및 그 밖에
이에 준하여 노동조합의 자주적인 운영 또는 활동을 침해할 위험이 없는
범위에서의 운영비 원조행위는 예외로 한다.

－ 노동조합 및 노동관계조정법

비조합원이 자발적으로 노동조합에 후원금 등을 납부하는 것은
문제가 없으나, 금전의 일괄공제는 문제가 있다. 조합비나 의무금
등 그 명칭이 무엇이든 비조합원이 노동조합에 금전을 납부한다는
것은 사실상 조합원으로 봐야 하기 때문이다.

비조합원의 급여에서 조합비 일괄공제를 허용한다면 원장부터
인사팀장까지 회사 측의 모든 인원이 거대 노조의 조합원이 되는
상황도 올 수 있다. 만약 그렇게 된다면 우리 같은 소수노조는 정상
적인 활동을 할 수 있을까?

다행히 '노동조합이 비조합원 등을 대상으로 후원회비, 투쟁기금
등을 모집하기 위하여 보수에서 일괄공제를 요구하더라도 사용자
는 이를 거부할 수 있으며, 이를 부당노동행위로 볼 수 없다.'라는
서울행정법원의 판례(2009구합5985 2009.9.3. 선고)가 존재했다.

나는 알아본 내용을 바탕으로 판례까지 첨부하여 회사에 문제를
제기하였다(친절한 나는 기성노조에도 문제점을 알려주었다).

그러나 양쪽 모두 내 말을 들어줄 리가 없었다.

이렇게 된 이상 나는 또 노동청으로 갔다. 그리고는 노동조합법 제31조에 근거하여 위법한 단체협약 내용에 대해 시정명령을 내려줄 것을 요청했다.

> **제31조(단체협약의 작성)** ①단체협약은 서면으로 작성하여 당사자 쌍방이 서명 또는 날인하여야 한다.
>
> ②단체협약의 당사자는 단체협약의 체결일부터 15일 이내에 이를 행정관청에게 신고하여야 한다.
>
> ③행정관청은 단체협약중 위법한 내용이 있는 경우에는 노동위원회의 의결을 얻어 그 시정을 명할 수 있다.
>
> – 노동조합 및 노동관계조정법

[전남지방노동위원회 심문회의 참석]

덕분에 지방노동위원회에도 가보는 값진 경험을 했다. 지방노동위원회는 마치 법원 같은 느낌이었는데 우리 노조, 기성노조, 사측에서 모두 참석하여 자신들의 입장을 위원회에 어필하였다.

결국, 이 문제는 지방노동위원회의 의결을 거쳐 광주지방고용노동청으로부터 단체협약 시정지시를 받게 되었다. 나의 요구대로 결과가 나온 것이다.

결과를 떠나 안타까웠던 점이 있다. 나는 회사 내부에서 원만하게 문제를 해결하고자 담당자에게 수차례나 친절하게 내용을 설명하였고, 판례까지 찾아 근거를 알려 주었다. 만일 내부에서 해결하고자 하는 의지가 있었다면 간단히 처리됐을 일이다. 이 문제를 굳이 이렇게 외부 기관으로까지 끌고 왔어야 했을까? 왜 매번 나의 요구는 한 번에 들어주지 않고 각자의 시간과 노력을 소비해야 하는 것일까? 안타까운 일이 아닐 수 없다.

쉽지 않겠지만 앞으로는 우리 회사가 소수자의 목소리도 경청하는 조직문화로 개선되었으면 좋겠다.

[조합원 인터뷰]

(조합원A 이야기)

Q - 처음 노동조합에 가입하게 된 계기가 무엇인가요?

A - 처음 회사에 입사했을 때는 기성노조에 자연스럽게 가입했습니다. 당시에는 복수노조가 없어 다른 선택지가 없기도 했고, 신입 직원 연수 중 다른 동기들이 기성노조에 모두 가입을 하다 보니 군중심리의 영향도 있었을 겁니다.

Q - 기성노조에서 탈퇴하게 된 이유는 무엇인가요?

A - 입사를 하고 몇 년의 시간이 흘러 우연히 후배 직원이 더 많은 연봉을 받는다는 것을 알게 되었습니다. '연봉 역전 현상'이 발생한 것인데요. 문제는 단순히 그해의 연봉만 후배보다 덜 받는 게 문제가 아니었어요. 저희 회사의 시스템상 계속해서 후배보다 더 적은 연봉을 받아야 했고 해를 더해 가면 갈수록 점점 더 적게 받는 금액이 커진다는 점이 문제였습니다.

동기들 사이에서는 난리가 났어요. 공공기관은 시간이 지날수록 연봉이 늘어나는 연공서열식 구조잖아요. 정년까지 30년 이상은 다녀야 하는데 계산해 보면 연봉 역전 현상으로 손해 보는 금액이 엄청 큰 거예요. "이거 무언가 잘못되었다." 이런 생각을 다들 했죠. 그런데 직접적으로 회사에 따질 수 있는 사람은 없었어요. 그래서 기성노조에 이 문제를 이야기했죠.

그런데 기성노조에서는 심각한 상황이라고 생각하지 않았나 봐요. 아니면 저희의 문제에는 큰 관심이 없었는지도 모르죠. 저희가 기성노조에서 처음 듣게 된 답변은 황당했어요. "우리는 숫자에 약하다."

아무런 액션이 취해지지 않자 동기들 사이에서는 이럴 거면 다른 노조로 옮겨야 하는 거 아니냐는 소리도 나왔어요. 이러한 소동이 있자 기성노조에서 움직이기 시작했어요. 그러면서 회사 내에 연봉 역전 현상이 이슈화되었고, 다른 직원들의 공감대를 얻어 결국 문제를 해결할 수 있었어요. 제가 느끼기에는 복수노조가 존재했기에 기성노조가 움직였다고 생각해요.

조합비를 매달 내고 있는데 노동조합에 문제의 해결을 요청했을 때 들어주지 않는다면 그게 무슨 소용이겠어요. 이일을 계기로 기성노조에 불만이 생기게 되었고 결국 탈퇴를 결심하게 되었습니다.

Q - 영원노조에 가입한 이유는 무엇인가요?

A - 복수노조가 처음 생겼을 때는 기성노조가 아닌 다른 곳에 가입해도 되는지 몰랐습니다. 그러다 기성노조 대한 불만으로 탈퇴를 하려고 알아보게 되었고, 다른 노조에 가입하거나 심지어 아무런 노조에 소속되어 있지 않아도 불이익이 없다는 사실을 알게 되었어요.

그런데 유니온숍 제도 때문에 단순 탈퇴는 할 수 없었고, 때마침 영원노조라는 게 생겨났어요. 제가 기성노조에서 조합비를 내고 있었지만 그게 아까운 상황이었잖아요. 영원노조가 추구하는 바가 제가 생각하는 것과 정확히 일치해서 가입하게 되었어요.

구체적으로 영원노조를 선택한 이유를 꼽자면 일단 상급 단체가 없다는 점이 마음에 들었어요. 민주노총에 대한 인식이 좋지 않은데 그곳으로 내가 낸 돈이 매달 들어가지 않는다는 점이 좋았습니다. 그리고 조합비가 없음에도 조합원의 고충 처리에 적극적으로 움직이는 게 좋았습니다.

Q - 그 외 하고 싶은 말은?

A - 상식적으로 판단해보면 자본주의 사회에서 돈을 내는 만큼의 서비스를 받아야 하잖아요. 기성노조의 조합비가 그렇지 않다고 생각하는 사람들도 많이 있긴 있어요. 그런데 기성노조에서 배신자 취급을 하다 보니 '눈치 게임'처럼 눈치만 보고 있는 것 같아요.

자신의 생각대로 판단하고 행동했으면 좋겠습니다.

(조합원B 이야기)

Q - 처음 노동조합에 가입하게 된 계기가 무엇인가요?

A - 저 역시 회사에 입사해서 연수 중에 기성노조에 가입했어요. 신입 직원에게 가입원서를 나눠주는데 노조위원장 앞에서 가입을 안 할 수가 없는 분위기였어요.

이제는 영원노조에서 단체협약에 참여하였고, 그 결과 신입 직원 연수에 가서 노동조합 소개를 하게 되었잖아요. 우리가 물건을 살 때도 비교를 해보고 사듯이 앞으로는 신입 직원들이 노동조합들을 객관적으로 비교해 보고 가입할 수 있게 되어 뿌듯했습니다.

Q - 기성노조에서 탈퇴하게 된 이유는 무엇인가요?

A - 저는 결론부터 말씀드리면 조합비가 아까워서 탈퇴하게 되었어요. 그 금액이 크다는 의미는 아니에요. 돈이 많으면 그만한 가치를 하면 되는 거 아니겠어요? 제가 느낀 부분은 투명성이 부족하다는 느낌이 들었습니다.

저는 어딘가에 기부를 할 때도 제가 낸 이 돈이 어떻게 쓰이는지에 대해 생각을 해보고 기부를 하거든요. 제가 돈을 냈는데 도움이 필요한 곳에 가지 않으면 기부 행위가 무슨 소용이 있겠어요.

기성노조에 속해 있으며 매달 조합비를 냈잖아요. 가끔 회계 감사 보고서가 오긴 왔어요. 거의 읽어보지 않고 넘겼는데 어느 날은 그 보고서를 자세히 읽어보게 되었어요.

그런데 제가 궁금했던 자금이 어떻게 쓰였고 이러한 부분들에 관한 내용은 없고, 기성노조에서 진행한 어떤 사업이 좋았다. 이런 개인 감상평이나 적혀 있는 거예요. 회계 감사를 진행한 사람도 알고 보니 그 분야의 전문가도 아니고 다른 일반 조합원이더라고요.

망치로 머리를 맞은 느낌이랄까? 솔직히 충격을 받았어요. '노동조합'하면 원래 돈이 없을지언정 뜻을 굽히지 않는 그런 '청빈'한 이미지 아니었나요? 지금의 기성노조는 너무 거대해지다 보니 그 자체가 기득권이 되어 버렸더라고요.

그 이후 기성노조에서 하는 활동들을 보면 '돈'을 우선시해서 움직인다는 생각이 들었어요. 기성노조는 현재도 엄청난 특혜를 받고 '협동조합'을 통해 회사 내 유일한 카페를 독점으로 운영하고 있는데요.

다른 활동들도 조합비를 더 받기 위해 조합원 수를 늘리는 방향으로 정책을 추진하는 게 눈에 보였죠. 정규직화도 그렇고 승진을 하여 비조합원이 되신 분들에게도 조합비를 받기 위해 '명예 조합원'제도를 만든 것도 그렇고요.

결국, 우연히 관심을 가지게 된 조합비 부분에서 실망하게 되었고, 내가 내는 조합비가 아까워 탈퇴하게 되었습니다.

Q - 영원노조에서 기억에 남는 일은?

A - 어느 날 제가 회사에서 부당한 일을 겪게 되었습니다. 그래서 회사 내부 프로세스대로 시정을 요구하였는데 위에서는 개선할 의지는 없고 자꾸 덮으려고만 하는 거예요.

개인이 조직에 항의한다는 게 쉽지 않았어요. 특히나 저보다 높은 직급의 사람들에게는 제대로 말조차 하기 쉽지 않았죠.

그러다 영원노조를 통해 부당한 일을 당한 사건에 대한 도움을 받게 되었어요. 저희 위원장님은 회사 내에서도 워낙 명성이 자자하시니까…(웃음) 위원장님이 제 이야기를 경청해 주시고 회사에 적극적으로 어필해 주셔서 잘 해결될 수 있었네요.

누구든 힘든 일이 있을 때는 노동조합의 문을 두드리세요.

7. 마치며…

"그럼에도 노동조합은 필요하다."

"버티고 나아가자!"

"그럼에도
노동조합은 필요하다."

    회사에 불만을 개선하는 여러 사례를 다 적고 보니 정작 나는 노동조합이 필요 없는 사람 같았다. 아니면 사실 예전부터 1인 노동조합 위원장의 역할을 하고 있었는지도 모른다.

    나는 노동조합이 없는 곳에서도 일해보고, 있는 곳에서도 일해보았다. 없는 곳은 없는 대로, 있는 곳은 있는 대로의 장, 단점이 있다. 노동조합이 있는 곳은 대부분 내가 기성노조라고 표현한 민주노총 또는 한국노총 산하의 노동조합들인데, 기성노조들은 이미 기득권화되었다. 노동자들을 위한 초심은 어디로 가버리고 조합원보다는 정치적 활동이나 비대한 자신들의 조직을 위해서만 활동하는 모습이다.

그럼에도 내가 내린 결론은 '노동조합은 필요하다'였다.

우리나라 문화의 특성상 개인이 회사라는 조직에 목소리를 낸다는 것은 매우 힘든 일이다. 특히나 부당한 일을 겪었을 때는 더 그렇다. 기성노조든 새 노조든 노동자 입장에서는 반드시 필요한 것이다.

더 나아가 노동조합이 귀족 노조, 정치 활동, 폭력 시위 등의 모습에서 벗어나 제 역할을 한다면 기업과 우리 사회의 발전에도 분명한 도움이 될 것이다.

노동조합에 문제가 있을지언정 노동조합이 필요 없는 곳은 없다. 그러나 아직도 우리나라의 노동조합 조직률은 낮은 편이라고 한다. 노동조합이 없다면 노동조합을 설립하는 방법도 생각해 봤으면 한다.

"버티고 나아가자!"

어느 자기계발서에서 읽은 아래 문장은 나에게 무언가 와닿는 느낌이 있었고 내가 좋아하는 문장이 되었다.

'대단한 사람이 버티는 게 아니고, 버틴 사람이 대단한 것이다.'

요즘 말로 '존버'라고 하는 것이다. 존버는 '존X 버틴다'라는 비속어이다. 출렁이는 가상화폐(코인) 시장에 버티면 언젠가는 오른다는 뜻으로 사용됐는데 내가 좋아하는 위 문장의 뜻을 한 단어로 요약한다 할 수 있겠다.

노동조합은 만들기도 어렵지만 계속해서 유지하고 발전하는 것도 그만큼 아니 그 이상 어렵다. 그래서 '존버'라는 단어는 문득 앞으로 우리 노조가 추구해야 할 가치 같다는 생각이 들었다.

우리 영원노조에서 영원의 영문 단어는 'Everlasting' 이다. 많은 영문 단어를 두고 고민한 끝에 선택한 단어인데 '영원한' 혹은 '영원히 변치 않는'이란 뜻이다. 끝까지 초심을 잃지 말자는 의미가 담겨 있다.

여러 의미를 담아 우리 노조가 가야 할 방향에 대해 마지막 문장을 적어봤다.

초심을 잃지 않고, 존버하며, 계속 나아가겠다.